Auxiliando a humanidade a encontrar a Verdade

MARTE
A verdade encoberta

© 2013 – Conhecimento Editorial Ltda

Marte
A verdade encoberta
MARCO ANTONIO PETIT

Todos os direitos desta edição
reservados à
CONHECIMENTO EDITORIAL LTDA.
Rua Prof. Paulo Chaves, 276 - Vila Teixeira Marques
CEP 13480-970 – Limeira – SP
Fone/Fax: 19 3451-5440
www.edconhecimento.com.br
vendas@edconhecimento.com.br

Nos termos da lei que resguarda os direitos autorais,
é proibida a reprodução total ou parcial, de qualquer
forma ou por qualquer meio – eletrônico ou mecânico,
inclusive por processos xerográficos, de fotocópia e de
gravação –, sem permissão, por escrito, do Editor.

Revisão: Mariléa de Castro
Projeto gráfico: Sérgio Carvalho
Ilustração da capa: Banco de imagens

ISBN 978-85-7618-306-8 – 1ª Edição - 2013

• Impresso no Brasil • Presita en Brazilo

Produzido no departamento gráfico de

CONHECIMENTO EDITORIAL LTDA
Fone: 19 3451-5440
e-mail: grafica@edconhecimento.com.br

Dados Internacionais de Catalogação na Publicação (CIP)
(Câmara Brasileira do Livro, SP, Brasil)

Petit, Marco Antonio
Marte : A verdade encoberta / Marco Antonio Petit –
Limeira, SP: Editora do Conhecimento, 2013.
214 p. : il. (Projeto UFO)

ISBN 978-85-7618-306-8

1. Ufologia 2. Exploração espacial Missão ao planeta
vermelho 3. Acobertamento governamental 4 Objetos
voadores não identificados I. Título.

13.0807   CDD – 001.942

Índice para catálogo sistemático:
1. Ufologia : Contatos com extraterrestres

Marco Antonio Petit

MARTE
A Verdade Encoberta

1ª edição — 2013

Coleção Realismo Fantástico:
(Projeto UFO)
Obras editadas pela Editora do Conhecimento:

- Contato Final - O Dia do Reencontro (2003)
  Marco Antonio Petit

- O Mistério dos Círculos Ingleses (2003)
  Wallace Albino

- UFOs, Espiritualidade e Reencarnação (2004)
  Marco Antonio Petit

- O Brilho das Estrelas (2005)
  Francisco Martins

- OVNIs na Serra da Beleza (2006)
  Marco Antonio Petit

- Os Observadores (2006)
  Raymond Fowler

Obs: A data após o título se refere à primeira edição.

Dedicatória

Esta obra é dedicada com muito amor a minha filha Jeane e ao meu filho Fernando.

Dedico também esse livro com amor e carinho a minha irmã Yvonne.

Agradecimento

Ao meu editor e amigo Sérgio Carvalho, não só pelo fato de estar publicando a obra, como por toda ajuda fornecida para que ele pudesse se tornar uma realidade, revelando minha visão sobre o passado e presente do Planeta Vermelho.

Sumário

INTRODUÇÃO
Uma jornada espacial rumo as estrelas 9

CAPÍTULO 1
O despertar 18

CAPÍTULO 2
A Mariner 9 e suas descobertas 26

CAPÍTULO 3
Pousando em Marte 34

CAPÍTULO 4
O projeto Fobos 48

CAPÍTULO 5
Retornando a Marte 56

CAPÍTULO 6
As descobertas da Mars Global Surveyor 69

CAPÍTULO 7
A exploração de Marte pelos rovers 107

CAPÍTULO 8
Outros orbitadores de Marte 179

Palavras finais 197

Introdução

Uma jornada espacial rumo as estrelas

Existe hoje cada vez mais na mente de muitas pessoas a ideia, ou mesmo convicção, de que sempre existiram duas verdades acompanhando nossa humanidade. Uma delas é aquela em que a mesma deve acreditar e vivenciar, por mais que contradições e alguns fatos pareçam abalar seus alicerces. A outra faz parte de uma espécie de mundo paralelo, considerado por alguns visionário o suficiente para não poder ser levado a sério, principalmente se considerarmos suas últimas revelações. Afinal, esta realidade que envolve e interpenetra todas as mais importantes questões sobre a natureza do homem e do Universo no qual estamos inseridos desarticula totalmente nossos conceitos fundamentais relacionados à nossa posição no Cosmos, e principalmente aquilo que entendermos como propriedade de nossa espécie: a Terra e o nosso sistema solar.

Nos últimos 90 anos a pretensão humana experimentou uma gradual e definitiva quebra de todas as nossas noções de grandeza e de domínio, que antes nos foram impostas por aqueles que detinham o poder, fosse ele de origem religiosa ou não. Durante quase toda a jornada da atual civilização rumo às estrelas o Universo não era mais do que aquilo que podíamos observar com nossos próprios olhos ao fitarmos com admiração e inquietude o céu noturno. Do homem primitivo até a utilização do primeiro telescópio por Galileu, com fins astronômicos, em 1609, tudo que podíamos ver além do Sol e de nossa Lua, era um pouco mais de 6000 estrelas ao longo do ano, os cinco planetas visíveis a olho nu, e alguns cometas, que periodicamente podiam ser vistos se movimentando como os próprios planetas no chamado céu das "estrelas fixas". Aos olhos dos nossos antepassados esse Universo parecia algo realmente não só desafiador, como grandioso. Algo realmente alheio a qualquer tentativa de compreensão, pelo menos fora das interpretações religiosas, que sempre se caracterizaram por afirmativas sem base, que, entretanto, eram consideradas definitivas, e não pela busca real de um conhecimento, que pudesse ser realmente embasado em alguma forma de estudo ou ato de verificação.

O primeiro grande golpe em nossa jornada descendente em termos de posição e grandeza veio sem dúvida com Nicolau Copérnico, que demonstrou que a Terra estava longe de poder ser o centro do Universo. Afinal ela girava em torno do Sol, ao contrario que Cláudio Ptolomeu havia concluído séculos antes, ajudando a fortalecer o dogma religioso de ocuparmos o ápice da pirâmide da criação. Em seguida descobrimos que nem mesmo o nosso Sol ocupava o centro desse Universo, que progressivamente parecia querer a cada dia mais jogar por terra toda nossa arrogância e pretensão. O próximo passo foi descobrir que o nosso Sol era apenas uma entre outras centenas de milhares de estrelas, que estavam sendo observadas desde Galileu, cada vez em número maior, conforme avançava nossa acuidade visual mediante telescópios mais aperfeiçoados, que progressivamente foram não só alargando os limites de nosso próprio sistema solar mediante a descoberta de outros planetas, como permitindo a observação de um número cada vez maior de sóis, ou estrelas, conforme enxergávamos mais longe e com maior precisão.

Até o ano de 1925 o Universo era "apenas" aquilo que hoje sabemos ser simplesmente a nossa galáxia, a Via-Láctea. Primeiro nosso planeta deixou de ser o centro do Universo, depois nosso sol passou pela mesma "humilhação" para, em 1925, um novo telescópio instalado no Observatório de Monte

Wilson, na Califórnia (EUA), revelar que algumas daquelas nuvens, ou formas esbranquiçadas que se pareciam até certo ponto, pelo menos visualmente, de início, com as nebulosas de nossa galáxia, formadas de gás e poeira, eram na realidade outras galáxias como a nossa, e estavam situadas muito mais distantes do que se pensava. Ou seja, nem mesmo nossa galáxia era algo de especial, ou singular, e muito menos ocupava uma posição central. Na realidade, como se sabe hoje, existem bilhões e bilhões de outras, cada uma dessas com dezenas, ou centenas de bilhões de estrelas, ou sóis, em um Universo onde a química é exatamente a mesma. Ou seja, a base de sua estruturação física, os elementos químicos são exatamente os mesmos que encontramos na Terra, independentemente de olharmos os demais planetas de nosso sistema solar, ou as estrelas da galáxia de Andrômeda, uma de nossas vizinhas, ou um mundo perdido além de nossa capacidade de observação. Os próprios elementos químicos pertinentes à vida tida como terrestre estão espelhados por todo o Universo, e isto não é uma especulação, é um fato.

Mas mesmo assim, por incrível que hoje possa parecer, dentro de nossa própria ciência astronômica, até o ano de 1995, quando finalmente foram descobertos os primeiros planetas extra-solares, ou seja, em órbita de outras estrelas (de nossa galáxia), existiam ainda alguns que pareciam acreditar, e talvez mais do que isto, ter esperança na possibilidade de nosso Sol ser algo singular, ou invulgar, pelo menos no aspecto de possuir planetas. Afinal, apesar de alguns sinais ou indícios, não haviam ainda sido encontrados, de maneira objetiva e confiável, planetas girando em torno de qualquer outra estrela. Pode parecer inacreditável, mas para eles, em pleno século 20, a formação de planetas em torno de um sol poderia ser ainda um acontecimento singular, um privilégio que mesmo diante de um número que não podemos nem dimensionar de estrelas, só teria se materializado em nosso sistema solar. Como temos conhecimento, pelo menos nossa ciência assim parece pensar, é nos planetas que o salto da evolução química para biológica deve acontecer. Se pudéssemos comprovar que estes não

Marte – A Verdade Encoberta

existiam, estariam salvas todas as nossas pretensões, inclusive aquelas que nos dizem que o Homem realmente era algo especial, fruto da vontade dos deuses, ou de um acidente criado por uma sucessão de acasos.

Hoje, com mais de 700 planetas extra-solares detectados, um número que não para de crescer conforme nossa capacidade e técnicas de observação se desenvolvem, estamos caminhando para a noção de que existem mais planetas no universo do que estrelas, ou no mínimo um número comparável, e em muitos desses a vida surgiu e evoluiu, com certeza, para formas capazes de viajar pelo espaço. Nossa presença aqui neste mundo azul que chamamos de Terra pode, como já revelamos em algumas de nossas obras anteriores, estar vinculada a esta mesma realidade. Dia virá, e eu não tenho a menor dúvida disso, em que esta ideia "absurda e sem justificativa" da pluralidade dos mundos habitados, e mesmo de nosso relacionamento direto com algumas dessas civilizações, que surgiram no Universo mesmo antes, provavelmente, da formação definitiva de nosso sistema solar, será algo tão estabelecido como a ideia de que a Terra é redonda, que nosso mundo não é o centro do Universo, e que existe um número astronômico de planetas girando em torno de outras estrelas etc.

A negação da realidade não é um mal de nosso tempo, mas uma necessidade inerente à luta pela evolução de nossos conceitos relacionados à nossa posição no Universo e, sobretudo, à natureza transcendente do homem e daquilo que chamamos de Cosmo.

É dentro desse contexto de controle da verdade, e obscurecimento do que acontece em torno de nossa própria humanidade, mantida criminosamente longe de um mundo muito diferente daquele que nos é dada autorização para vivenciar, que este livro se insere. Estaremos aqui falando de coisas e fatos conhecidos já há muito, mas que só agora podemos começar a vislumbrar. Uma realidade que mais cedo ou mais tarde mudará todos os nossos conceitos sobre a realidade, e que abalará toda e qualquer tentativa de manutenção de nossas estruturas políticas, ideológicas, religiosas etc.

Durante séculos e séculos, e por que não dizer, ao longo de milhares e milhares de anos, nossos antepassados olharam para um corpo celeste de cor vermelha invulgar no céu noturno. O planeta de nosso sistema solar que, visto da Terra, mais variação de brilho apresenta conforme seu posicionamento se modifica em relação ao nosso planeta. Um mundo que sempre despertou algo de muito especial em muitos de nós. Algo hoje ainda inconsciente nos liga a ele. O primeiro lugar que nossa imaginação apontou para buscarmos vida fora da Terra.

Mas foi sem dúvida a partir do astrônomo norte-americano Percival Lowell, no final do século XIX (1895), que a possibilidade de vida, e mais do que isto, a presença de uma civilização extraterrestre avançada no planeta tomou corpo de maneira definitiva, e começou a ser discutida de maneira mais objetiva. O astrônomo, como se sabe, afirmou à época, que havia encontrado sinais de uma série de canais artificiais que, em sua interpretação, levavam a água proveniente dos polos para várias cidades de uma complexa civilização. Lowell, em meio a intermináveis noites de observação ao telescópio, chegou a produzir mapas detalhados, onde a presença dos sinais da referida civilização podiam ser observados com facilidade, mas acabou não encontrando seguidores, pois outros astrônomos, com equipamentos óticos similares, nas mais diferentes regiões do planeta (Terra), acabaram não conseguindo reproduzir suas observações. Até hoje existe um mistério em torno desse assunto. Estaríamos diante de uma grande ilusão?

O astrônomo norte-americano Percival Lowell, que no final do século 19 alegou ter observado mediante seu telescópio vários canais e outros indícios de uma civilização avançada em Marte (Arquivo Petit).

Marte - A Verdade Encoberta, não é uma obra de ficção, mas algo retirado das entranhas da realidade, mesmo que esta ainda não deva ser explicitada na visão dos verdadeiros detentores do poder estabelecido em nosso mundo, pelo menos de uma maneira definitiva. Pretende ser um caminho para nosso despertar definitivo não só para uma nova visão de nosso sistema solar, mas um alerta de como um mundo pode ser modificado, e seu meio ambiente alterado, com influência em suas condições de suportar vida de escala superior em termos naturais, seja por um acidente cósmico, ou pela insanidade daqueles que ainda não perceberam que devem ser os próprios gestores da evolução do processo de vida inerente ao Universo. Vamos penetrar nesse novo mundo com imagens impressionantes postadas nos sites das principais agências espaciais.

 Alguém decidiu que já podemos ver algumas dessas, mesmo que nada de objetivo e definitivo seja afirmado sobre esse material. A verdade por trás dessas fotos parece revelar algo que é conhecido há muitos anos. Na verdade desde séculos e séculos atrás, mediante algumas de nossas tradições mais antigas. Se essas lendas possuírem realmente uma conexão com a realidade, nosso passado e origem estiveram intimamente relacionados ao quarto planeta de nosso sistema solar.

Diagramas das partes internas do sistema solar da estrela Kepler-62, situada a cerca de 1200 anos-luz na constelação de Lyra e de nosso próprio sistema solar. A ilustração apresenta os planetas de ambos os sistemas nas devidas proporções. As órbitas são apresentadas também em escala (NASA / Ames / JPL – Caltech).

Está na hora de o acobertamento e o véu de mistério serem substituídos pelos fatos e pelo conhecimento.

Na década de 80 eu já havia me dedicado a um busca semelhante, mas bem mais restrita, depois que um pequeno número de fotos da missão *Mariner 9*, a primeira a conseguir orbitar o planeta, e das duas espaçonaves do projeto *Viking* pareceram revelar sinais da existência de uma antiga civilização no passado remoto do planeta Marte. Cheguei até a escrever sobre este assunto em três dos meus primeiros livros, e fazer várias palestras pelo Brasil utilizando esse material.

A verdade é que até poucos anos atrás, por exemplo, a Agência Espacial Norte-Americana (NASA), não tinha o menor compromisso de divulgar ou disponibilizar para a própria população dos EUA o resultado de suas missões espaciais. O já citado projeto *Viking*, por exemplo, o primeiro a conseguir colocar módulos no solo para investigar a presença de formas de vida, havia conseguido mais de 50 mil imagens, mas apenas uma ínfima parte delas havia chegado até o público, ou à mídia em geral. Esta situação mudou não só devido às críticas e denúncias feitas por grupos de investigadores e cientistas, alguns ligados à NASA no passado, que começaram a denunciar um forte processo de acobertamento em relação ao material obtido, e ainda como resultado da atuação de personalidades do legislativo norte-americano, que começaram a cobrar da agência espacial maior transparência. Afinal, tais missões foram e continuam sendo financiadas pelos impostos pagos pelo povo, contribuinte norte-americano.

O fato é que já na era da Internet as coisas se modificaram, e aparentemente "todas" as fotos acabam sendo disponibilizadas, dando a impressão ao cidadão desavisado, e com certa dose de ingenuidade, de que tudo fotografado e documentado pelas atuais missões espaciais pode ser encontrado nas páginas dos diversos sites não só da NASA, como da hoje também poderosa Agência Espacial Européia.

Agora parte deste material pode ser visto e estudado se o leitor desejar, e estiver disposto a examinar algumas centenas

Marte – A Verdade Encoberta

de milhares de fotos, como eu e outros investigadores no exterior estamos fazendo, em meio às quais os documentos fotográficos deste livro podem ser encontrados. Mas não chegou ainda a hora das grandes revelações, pelo menos em termos oficiais. Se qualquer pessoa da mídia, por exemplo, for questionar uma porta-voz da NASA sobre tais imagens, certamente continuará a obter explicações fantasiosas e inacreditáveis. Algumas são tão absurdas, que temos a impressão de que o objetivo é realmente nos convencer de que eles estão mentindo. Apesar disto, sabemos que a maioria das pessoas é facilmente enganada por esse jogo, e é mantida longe da verdade, simplesmente por não serem capazes de pensar por si mesmas. Continuam acreditando que se existisse realmente algo de palpável sobre os sinais da existência e presença dos extraterrestres, seja na Terra, Lua, ou Marte, nossas autoridades seriam as primeiras a informar.

O estudo e divulgação do fenômeno UFO atinge agora níveis antes nunca vistos, e as principais nações, que sempre negaram qualquer seriedade em relação ao tema, estão agora disponibilizando milhares de registros e documentos classificados antes dentro da área sigilosa de suas Forças Armadas. A situação é exatamente a mesma, entretanto, dos materiais disponibilizados pelas agências espaciais: os documentos são liberados e disponibilizados, mas sem pronunciamentos a respeito do que eles apresentam (existem exceções). É um tipo de política muito bem orientada, que visa preparar a humanidade, inicialmente sua parcela mais desperta, que consegue perceber a realidade, mesmo que esta continue não sendo explicitada.

O leitor deve estar agora pronto para perceber, e fazer sua viagem pessoal em busca da verdade por trás de todo o processo de acobertamento, distensão e abertura gradual. O papel do autor é apenas secundário. Temos nossas interpretações e conclusões, que serão claramente expostas; afinal este é o nosso papel e objetivo, dentro dessa engrenagem que envolve um poder paralelo, interesses inconfessáveis, mas agora, sobretudo, uma necessidade de preparação de nossa humanidade para novos tempos. Não tenho a menor dúvida do que estou fazendo, das implicações disso, e como este meu trabalho, e de outros tantos investigadores, faz parte de um grande contexto de revelação progressiva. Mas a viagem agora é sua, você deve decidir, afinal, em que mundo esta vivendo. Mas do que descobrir a realidade, você pode e deverá construir o planeta e a realidade em que viveremos. Ontem foi assim, hoje é, e assim sempre acontecerá. O Universo espera por cada um de nós. Estamos à beira de uma grande revelação. Alguns acham que estamos no limiar da exploração espacial, e de nossa jornada rumo às estrelas. Talvez estejamos apenas preparando nosso retorno à grande viagem. Que sua nave mergulhe de maneira definitiva no universo da realidade e da percepção...

O despertar 1

Mesmo antes do dia 4 de outubro de 1957, quando os soviéticos lançaram da base de *Baikonur* e colocaram em órbita nosso primeiro satélite artificial, o Sputnik, aparelhos não identificados já haviam sido detectados e descobertos evoluindo além da nossa atmosfera, centenas de quilômetros acima da superfície de nosso mundo.

A primeira dessas descobertas aconteceu no ano de 1953, quando a recém-criada USAF, a Força Aérea Norte-Americana, começou a utilizar um novo modelo de radar, que possibilitava detecções de alvos a distâncias bem superiores às conseguidas até então. Faziam ainda os primeiros testes quando os técnicos captaram um objeto de grandes dimensões evoluindo sobre a região equatorial do planeta, a uma altura de 600 milhas. Sua velocidade foi estimada em torno de 18 mil milhas por hora. Pouco depois outro entrava na órbita do planeta a uma altitude inferior, estimada em 400 milhas. A partir dessas ocorrências, foi criado em *White Sands*, no Novo México, em caráter de emergência, um projeto "para a detecção de satélites". O descobridor do planeta Plutão, o astrônomo Clyde Toumbaught, um dos poucos de sua área a declarar publicamente ter visto UFOs, foi curiosamente convidado para dirigir os estudos, que teriam a supervisão da *Ordinance Research* do Exército.

A explicação oficial aprovada pelo Pentágono para divulgação pública dizia que as Forças Armadas estavam pesquisando pequenas luas, objetos naturais que tinham chegado através do espaço e tinham entrado em órbita de nosso planeta. Em 1955, entretanto, a Casa Branca recebia a informação de que um desses objetos havia passado a evoluir em uma órbita mais baixa. Estava orbitando o planeta 50 quilômetros mais próximo, enquanto outro simplesmente havia desaparecido, deixando as vizinhanças de nosso mundo. Não havia a menor dúvida, já nessa época, de que estávamos diante de artefatos controlados por alguma forma de inteligência. É evidente que a ideia de objetos naturais entrando em órbita da Terra foi algo apenas para consumo do público, e de forma alguma poderia explicar o que estava acontecendo.

O Comitê de Segurança Nacional, intimado pelo então presidente Eisenhower, aventava a alternativa de se tratar de artefatos lançados pelos soviéticos, o que em nada servia para acalmar as coisas. Afinal, se eles já detinham tecnologia para colocar em órbita artefatos daquele tamanho, os EUA estavam realmente em grande perigo, pois as tensões entre os dois blocos só faziam crescer naqueles tempos. Mas a verdade é que aqueles objetos detinham uma tecnologia muito além das capacidades soviéticas, como dois anos depois pôde ser confirmado, quando finalmente tivemos o lançamento do primeiro satélite por parte dos comunistas: um pequeno objeto metálico.

Desde 1953, outros objetos de origem interplanetária passaram a ser detectados orbitando nosso planeta, ou simplesmente se aproximando dele, para depois desaparecem e nunca mais serem vistos. Nosso programa espacial passou a ser desenvolvido e planejado já com a certeza de que iríamos encontrar "alguém", e que a órbita de nosso planeta, a Lua, e mesmo o planeta Marte, para não falarmos do sistema solar em geral, já poderiam estar ocupados.

A partir de nossos primeiros satélites serem colocados em órbita, mas do que continuarmos a detectar a presença dos UFOs na órbita terrestre. Teve início outro processo. Nossos veículos espaciais passaram a sofrer um acompanhamento, e a chegada do homem ao espaço, com Iurí Alekseyvitch Gagárin, por parte dos soviéticos, em 1960, e do norte-americano John Glenn Jr., em 1962, permitiu que nossos astronautas passassem a ser testemunhas diretas dessa realidade. Cada nova espaçonave, cada novo desenvolvimento de nossas possibilidades era detidamente acompanhados por esses "olhos misteriosos", e progressivamente era estabelecida uma censura cada vez mais objetiva, para manter o que acontecia no espaço longe da população.

Antes mesmo de chegarmos ao espaço, na verdade, a simples possibilidade de contato, ou do encontro com artefatos alienígenas já era seriamente considerada, e havia servido para o nascimento de diretrizes e documentos versando sobre o sigilo que deveria ser mantido a qualquer custo. Na época, a divulgação desses "encontros" já era considerada um fator de desestabilização da sociedade, e estados de perplexidade da população tinham que ser evitados. Análises dos vários cenários possíveis a partir de um estabelecimento total da verdade já haviam sido considerados, e segundo estes estudos, poderiam chegar potencialmente a um estado de subversão total da ordem e das instituições.

Se os encontros com os UFOs no espaço já estavam gerando perplexidade dentro dos setores espaciais das duas superpotências, o passo seguinte dessa nossa história foi ainda mais perturbador. Com a sucessão de lançamentos por parte dos EUA e da URSS, vários de nossos artefatos, satélites, começaram a apresentar problemas técnicos, o que evidentemente era algo totalmente previsível. O surpreendente é que vários desses, depois, pareciam estar sofrendo algum tipo de manutenção por uma força misteriosa. Em agosto de 1963 foi realizado em *Blacksburg*, na Virgínia (EUA), um congresso com os maiores especialistas das ciências espaciais. Um dos objetivos do encontro foi justamente debater os estranhos acontecimentos que haviam sucedido com os satélites *Firely*, *Telstar I*, e *Telstar II*, que depois de terem deixado de transmitir, voltaram a funcionar normalmente, da mesma forma que outros aparelhos soviéticos. O cientista Richard Kershner, da Universidade *John Hopkins* (EUA), declarava na oportunidade que podíamos pensar que "fantasmas espaciais" estavam dando "uma mão", reparando os problemas dos mesmos.

Não havia a menor dúvida da necessidade, pelo menos para uma espécie de poder paralelo que nascia, que a verdade não poderia chegar à população do planeta. E o início da exploração de nosso satélite pelas duas superpotências deixou isso ainda mais claro.

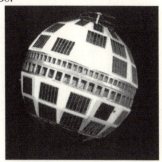

O satélite norte-americano Telstar 1 que havia deixado de transmitir em várias ocasiões, para depois voltar a funcionar normalmente, da mesma forma que outros artefatos espaciais soviéticos (Arquivo Petit).

Mesmo antes de Gagarin chegar ao espaço, os soviéticos, que estavam realmente mais adiantados que os norte-americanos, começaram a lançar seus primeiros artefatos em direção ao nosso satélite natural. Só da série *Luna*, iniciada em janeiro de 1959, foram 24 missões, que compreenderam tanto passagens nas proximidades de nosso satélite, impactos diretos contra o solo, entrada em órbita, e pousos controlados na superfície. Outra série de naves não tripuladas, a *Zond*, permitiu aos soviéticos desenvolverem a capacidade de depois de chegarem ao seu destino, a órbita lunar, retornarem com suas espaçonaves à Terra.

Apesar de atrasados em relação aos seus inimigos ideológicos na corrida espacial, os norte-americanos progressivamente foram conseguindo seus sucessos na exploração de nosso satélite. Mediante os projetos *Ranger* (três missões lunares), *Lunar Orbiter*, que compreendeu cinco missões, e *Surveyor*, com sete lançamentos, e vários pousos controlados, obtiveram uma farta documentação fotográfica e lançaram as bases para a chegada do homem ao nosso satélite.

Nessa altura dos acontecimentos já havia, por parte evidentemente de uma pequena elite espacial, tanto pelo lado dos norte-americanos como dos soviéticos, uma certeza: fossem americanos ou russos a chegarem primeiro à Lua, encontrariam já "alguém" muito bem estabelecido.

Algumas das fotografias obtidas, tanto pelos soviéticos como pelas missões norte-americanas, evidenciavam já uma presença marcante de representantes de uma ou mais culturas extraterrestres, que estavam usando nosso satélite como base. Algumas imagens eram realmente impressionantes. Estruturas na forma de torres, construções apresentando padrões geométricos, crateras cujas formas aparentemente haviam sido modificadas, etc. Algumas fotos mostravam inclusive que objetos de grandes dimensões, cuja natureza não podia ser ainda estabelecida, haviam sido transportados pelo solo lunar, haviam deixado na superfície de nosso satélite o registro de suas passagens na forma de rastros, preservados pela falta de atmosfera e a ausência de efeitos erosivos. Isto tudo fazia parte de um contexto conhecido na época apenas por uma minoria privilegiada de nossa humanidade. Foi dentro dessa realidade que tanto os norte-americanos quanto os soviéticos começariam suas tentativas de atingir Marte. Afinal, se os extraterrestres estavam estabelecidos em um mundo morto como a Lua, o que existiria em Marte? Na realidade, havia nessa época uma polêmica ainda muito grande sobre as reais condições ambientais do planeta. Era indiscutível a existência de uma atmosfera, mas além disso havia pouca informação. Enquanto não chegássemos ao planeta com nossos artefatos espaciais, continuaríamos especulando sobre nosso vizinho vermelho.

Foto de um possível OVNI obtida da órbita lunar pela espaçonave não tripulada norte-americana *Lunar Orbiter 3*. Os sinais da presença alienígena já estavam sendo percebidos e detectados mesmo antes da chegada de nossos primeiros astronautas (*Lunar and Planetary Institute* – Arquivo Petit) (*http://www.lpi.usra.edu/resources/lunarorbiter/images/preview/3120_h3.jpg*)

A observação telescópica a partir da Terra estava

longe de poder revelar suas reais condições. Havia uma mística muito especial em torno do planeta, mesmo entre aqueles que estavam vinculados à pesquisa astronômica e espacial, e nada poderia substituir a chegada das primeiras câmeras a ele ou às suas proximidades. Apesar da descrença sobre a presença de uma avançada civilização em Marte nos moldes imaginados por Lowell, muitos no meio astronômico, alheios à realidade do fenômeno UFO e às descobertas já feitas pelos norte-americanos e soviéticos na Lua, imaginavam a existência de um mundo razoavelmente clemente em relação às possibilidades de vida vegetal, e aguardavam esperançosos a chegada de nossa primeira espaçonave a Marte.

Mas o início do programa espacial no que diz respeito à exploração de Marte não foi nada promissor. Desde 1960 os soviéticos vinham fazendo lançamentos de espaçonaves em direção a Marte sem qualquer resultado. Falhas diferentes, sempre ainda nos primeiros momentos dessas missões, continuavam a retardar uma real aproximação de nossos artefatos espaciais do planeta.

No dia 28 de Novembro de 1964 foi lançada finalmente a espaçonave *Mariner 4*, nosso primeiro artefato espacial, que meses depois conseguiria se aproximar do planeta Vermelho. Um salto em nossas pretensões de exploração do sistema solar. Chegar à Lua com naves não tripuladas era já uma "tarefa fácil", e a distância a ser cumprida não passava de algumas centenas de milhares de quilômetros, mas Marte envolvia uma viagem de vários meses, e milhões de quilômetros a serem transpostos, e naquele tempo apresentava outra interrogação, que muitos prefeririam não considerar: as chances de um pequeno meteoro ou fragmento rochoso atingir a *Mariner* não era algo que poderia ser desconsiderado; afinal,

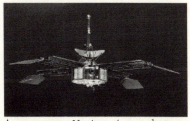

A espaçonave *Mariner 4*, que chegou a Marte em 1965, obtendo 22 fotografias do solo do planeta (NASA / JPL).
http://nssdc.gsfc.nasa.gov/image/spacecraft/mariner04.gif

conforme a distância para o planeta fosse sendo reduzida, este risco aumentava pela própria proximidade com o chamado cinturão de asteróides.

A maior parte dos asteróides e pequenos fragmentos do chamado cinturão dos asteróides apresenta uma órbita de baixa excentricidade, vagando em torno do Sol entre Marte e Júpiter, mas alguns desses chegam a cruzar a órbita de Marte e se aproximam periodicamente, inclusive, de nosso planeta. A possibilidade de um choque mesmo com objetos de pequena massa nas vizinhanças marcianas é probabilisticamente bem maior que na faixa coberta pela órbita terrestre. Mas apesar desse aspecto preocupante, os técnicos e responsáveis pela missão estavam mais preocupados com o funcionamento dos dispositivos da própria nave. Afinal, eles já tinham tido também seus problemas. A *Mariner 3*, lançada no dia 5 de novembro de 1964, havia se perdido antes de chegar a Marte. O objetivo da missão era passar o mais perto possível do planeta, e durante esta aproximação, que duraria poucas horas, obter algumas imagens de sua superfície. Algo bem menos pretensioso do que já havia sido conseguido em relação à Lua, mas aquela missão tinha naqueles dias realmente uma importância fundamental para uma visão mais realista das condições ambientais daquele mundo.

O fato é que em 1965 a *Mariner 4* chegou ao seu destino, passando nas proximidades do planeta, chegando no momento de maior aproximação a cerca de 9900 km de sua superfície. O primeiro momento realmente em nossa caminhada em busca de uma visão realista sobre nosso vizinho, mas ao contrário do esperado, inclusive, das esperanças de muitos dos cientistas e técnicos da NASA, as 22 imagens tomadas pela espaçonave revelaram um mundo bem diferente não só do imaginado por Lowell, como por expressiva parcela dos envolvidos com a missão.

O conjunto de fotos obtidas mostrava um mundo repleto de crateras, onde a vida, mesmo de escala inferior, parecia um sonho. Não havia nada nas imagens que pudesse levar a qualquer consideração sobre condições ambientais mais clementes. Na verdade, a paisagem mostrada diferia pouco da lunar. Depois de meses de expectativa, aquela visão, pelo menos naqueles dias, representou uma frustração total para aqueles que ainda sonhavam com a possibilidade de vida no planeta. Marte era a única esperança em nosso sistema solar, pelo menos em termos de uma presença em termos naturais, mas as condições ambientais, que podiam ser deduzidas pelas imagens da *Mariner*, acabaram naquele momento com qualquer especulação nessa área. Mas uma coisa não estava sendo considerada seriamente: aquelas imagens haviam sido obtidas a uma distância muito grande.

Uma das fotos do solo marciano tomadas pela *Mariner 4*. A imagem foi obtida quando a espaçonave estava a cerca de 12.600 km do planeta. A área fotografada mede 250 Km por 254 km (NASA / JPL). http://photojournal.jpl.nasa.gov/jpeg/PIA02979.jpg

A missão havia sido um sucesso em termos do desempenho tecnológico, mas os resultados decepcionantes, e esta visão quanto às possibilidades de vida foi ainda mantida com as imagens de mais duas missões norte-americanas, a *Mariner 6*, e a *Mariner 7*, que no ano de 1969 passaram também ao largo do planeta, obtendo respectivamente, 75 e 126 fotografias. Mas poucos anos depois essa visão se transformaria drasticamente, com a entrada em órbita do planeta de nossa primeira espaçonave, que fotografaria sua superfície de uma distância inferior. Como veremos no próximo capítulo, nunca na história de nossa exploração espacial estivemos tão longe da realidade. O quanto nossas limitações tecnológicas e científicas podem gerar uma visão totalmente distorcida e apartada da verdade!

A Mariner 9 e suas descobertas | 2

Em 14 de Novembro de 1971 aconteceria um momento muito especial em nossa exploração espacial. Depois da ansiedade geral, que já durava meses desde o lançamento da *Mariner 9*, ocorrido no dia 30 de maio do mesmo ano, os técnicos e cientistas do centro de controle da missão, no famoso Laboratório de Propulsão a Jato da NASA, em Pasadena, Califórnia, "cruzavam os dedos", momentos antes da manobra final que colocaria a nave em órbita. Nunca antes os cientistas do JPL tinham estado tão perto de conseguir uma visão realista de outro planeta. Ao contrário do que havia acontecido quando da última missão, quando a *Mariner 7* passou ao largo do planeta vermelho, a cerca 3518 km (distância mínima), mergulhando em uma órbita solar, permitindo apenas poucas horas de visualização, se a *Mariner 9* conseguisse entrar em órbita de nosso vizinho vermelho, teríamos meses de exploração. E dessa vez, mediante os avanços na área da fotografia espacial, nossos olhos estavam bem mais aperfeiçoados, o que permitiria finalmente uma visão real do planeta e de suas condições ambientais. Se Marte fosse algo como as imagens das missões anteriores pareciam revelar, isto seria facilmente perceptível.

Ainda me recordo hoje desses dias e de minhas próprias expectativas quanto às possibilidades da missão. A primeira grande surpresa, quando a *Mariner 9* finalmente entrou em órbita de Marte, em uma trajetória elíptica, que permitia que em seu periélio (ponto mais próximo do planeta), ela chegasse a cerca de 1390 km de sua superfície, foi a descoberta de uma tempestade de areia gigantesca, em escala planetária, que inclusive impedia a visualização de seu solo. Tenho ainda hoje a lembrança das primeiras fotografias divulgadas na época, que mostravam aquele mundo envolvido por um fenômeno assustador. O que existiria além, e por baixo de toda aquela areia e poeira suspensa na atmosfera? Depois de mais de seis meses de viagem da espaçonave, teríamos que aguardar mais um pouco e quando aquela cortina finalmente foi aberta, começou realmente a revelar um novo mundo, em cada uma das 7329 fotos conseguidas.

A espaçonave *Mariner 9*, que entrou em órbita do Planeta Vermelho em 1971, e revelou um mundo bem diferente do imaginado mediante as imagens de suas antecessoras (NASA / JPL).
http://www.jpl.nasa.gov/missions/web/mariner9.jpg

Vulcões e atividade geológica

Suas imagens revelaram logo de início a existência de grandes vulcões na região conhecida como *Tarsis*, indicando uma atividade vulcânica expressiva no passado do planeta. O maior destes, batizado como Monte Olimpo, tem nada menos que 24 km de altura. Sua base circular possui cerca de 500 km de diâmetro. É o maior até agora encontrado no sistema solar. Foi descoberta ainda uma gigantesca fenda geológica, com cerca de 5000 km de extensão, próxima à região equatorial, que recebeu o nome de *Vale Mariner*, em homenagem à sonda espacial. As milhares de fotos obtidas permitiram finalmente o estabelecimento e a geração de uma detalhada carta ou mapa da superfície do planeta. Finalmente estávamos realmente explorando e começando a conhecer aquele mundo.

Água no passado

Mas o aspecto mais provocativo e inesperado após a visão obtida pelas espaçonaves que haviam passado antes ao largo do planeta, foi sem dúvida à descoberta da existência do que parecia claramente serem leitos de antigos rios. Não havia dúvida: aquele mundo, em um passado que não podia ainda ser mensurável em termos de sua real antiguidade, poderia até ter tido condições ambientais de sustentar formas de vida mais complexas e desenvolvidas. Talvez até algo semelhante à nossa espécie. Com certeza, os sinais de água em estado líquido em grande quantidade no passado deixavam claro que aquele mundo tinha tido uma atmosfera bem mais densa e rica em oxigênio, e certamente uma temperatura mais elevada, pois do contrário não teríamos como explicar não só os leitos dos rios, hoje secos, como outros sinais de erosão provocados por água em estado líquido, detectados em várias das fotografias da espaçonave.

Mas a missão *Mariner 9* foi muito mais além de simplesmente revelar sinais de água, ou permitir especulações sobre as possibilidades de vida no passado. O Planeta Vermelho tinha muito a revelar ainda, e entre as milhares de imagens que progressivamente foram sendo obtidas ao longo dos anos de 1971 e 1972, começaram a surgir algumas realmente que causaram perplexidade e levavam já alguns dos cientistas do JPL e da NASA, em termos gerais, a realmente refletirem sobre o verdadeiro foco da missão. Não havia como negar que em algumas das fotografias pareciam estar documentadas estruturas

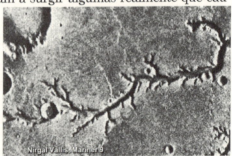

Leitos de antigos rios fotografados pela espaçonave *Mariner 9* (NASA / JPL).
http://photojournal.jpl.nasa.gov/targetFamily/Mars?subselect=Mission%3AMariner+Mars+1971+%28Mariner+9%29%3A

enigmáticas, difíceis de explicar em termos da geologia, ou de qualquer outro processo natural. Havia, entretanto, já um crescente controle das informações passadas à mídia e ao povo do país, e por que não dizer, à humanidade. A ideia de que a *Mariner 9* estava encontrando sinais de uma antiga civilização passava longe de qualquer pronunciamento oficial, mas, apesar disto, era o que estava acontecendo. O assunto estava sendo mantido longe de qualquer forma de divulgação e, é claro, de um debate público.

O projeto Apollo ainda não tinha se encerrado, e os astronautas norte-americanos estavam ainda explorando nosso satélite e documentando a presença dos extraterrestres na Lua. O sigilo era total, e as descobertas iniciais em Marte serviram como base para aqueles que defendiam um total controle das informações sobre a realidade do fenômeno UFO, a existência das instalações alienígenas em nosso satélite natural (Lua), etc. Ganhava força nos EUA, em termos definitivos, a ideia da necessidade de manter todo o programa espacial do país sobre rígido controle. Mas como já havia acontecido antes, tanto no que diz respeito aos vôos orbitais tripulados em torno de nosso planeta, como em relação à exploração da Lua, algumas informações e opiniões inclusive de cientistas da própria NASA, mesmo em caráter particular, ou pessoal, começaram a desafiar o acobertamento que começava a ser imposto. Mesmo que estes pronunciamentos não tenham tido de início a devida repercussão, era o início de nossa jornada em direção à verdade sobre Marte.

Cidade Inca

Uma das primeiras regiões em que se concentraram inicialmente os debates sobre os sinais e vestígios de uma antiga civilização em Marte, foi documentada, por exemplo, na foto *4212 - 15*. A imagem obtida pela *Mariner 9* mostra algo muito próximo da visão que teríamos, por exemplo, ao divisarmos, ou observarmos ruínas de algumas de nossas civilizações do

Marte – A Verdade Encoberta

passado, e não é sem motivos que os próprios cientistas da NASA apelidaram esse conjunto de estruturas de *Cidade Inca*. O misterioso complexo está localizado bem ao sul do equador do planeta (66.23° W / 81.33° S). O geólogo da NASA John McCauley descreve tais formações "como contínuas, não mostrando brechas, erguendo-se entre as planícies adjacentes, como nossas muralhas da antiguidade". O problema é que esses blocos possuem entre quatro e seis quilômetros de comprimento. Parece claro que não estamos, portanto, pelo menos assim eu suponho, diante de algo formado por blocos no sentido literal, mas de uma estrutura artificial gigantesca compartimentada. Na foto em questão podemos perceber os vestígios de algo que era não só gigantesco, como estruturado na forma de um arco (isto é perceptível na imagem), ou mesmo de um grande círculo: ruínas de uma estrutura ainda maior, em parte apagada pelos efeitos erosivos, mais presentes e ativos no passado. Fazer qualquer juízo sobre do que se tratava na realidade já seria, entretanto, um exercício especulativo sem sentido. Mas basta comparar, por exemplo, essa imagem da *Mariner 9* com algumas fotografias aéreas, ou mesmo espaciais, de outras ruínas presentes em várias partes de nosso planeta, para verificarmos a validade dessas interpretações sobre a artificialidade do que podemos ver na fotografia. E não é apenas a chamada *Cidade Inca* que encontra paralelo com estruturas relacionadas a outras culturas antigas presentes na Terra.

Pistas de Nazca

Outra imagem interessante que nós leva prontamente a uma reflexão sobre o seu significado apresenta algo muito semelhante às chamadas pistas de *Nazca*, situadas no Peru, que vários investigadores relacionam com visitas extraterrestres no passado, e que foram popularizadas nos livros do suíço Erich von Däniken. Nessa fotografia da *Mariner* podemos ver claramente grandes marcas brancas se estendendo por quilômetros de solo mais escuro. A largura de algumas dessas "pistas" segue o mesmo padrão, em termos de dimensão, por quilômetros, tirando qualquer possibilidade de estarmos diante de um efeito erosivo causado pelos ventos do planeta, ou mesmo pela água no passado. Na mesma imagem podemos ainda observar dois grandes sulcos no solo, que seguem paralelamente, escavados para uma finalidade que nos escapa. A real extensão dos mesmos não pode ser dimensionada, pois seus limites ultrapassam a própria região coberta pela imagem. Algo que de certa forma pode lembrar os canais artificiais supostamente observados por Lowell. Tais estruturas, entretanto, de forma alguma poderiam ser avistadas a partir de nosso planeta.

Ruínas de um aeroporto?

Outra imagem provocativa, que suscitou desde o início das análises das imagens da *Mariner 9* muita perplexidade está associada a uma estrutura gigantesca, com dezenas de quilômetros quadrados, localizada nas coordenadas 1.9° sul / 186.4° oeste. A referida fotografia cobre uma área pouco abaixo da região equatorial do planeta, e está identificada como *ID 4209 - 75*. A estrutura se parece muito com as visões aéreas de alguns terminais dos maiores aeroportos existentes em nosso planeta. Qualquer pessoa que observe esta imagem, ou fotografia, nota desde o início que esse conjunto de formas se destaca do restante da paisagem desértica da região. Apesar, evidentemente, de não podermos associar objetivamente a estrutura com as finalidades de nossos modernos aeroportos, a artificialidade do complexo parece certa, e segue um padrão não só em termos geométricos, como nossa arquitetura mais moderna. Mais uma vez atribuir o que podemos ver na referida fotografia a processos relativos à natureza do planeta é uma extrapolação gritante de tais possibilidades. Uma subversão de toda e qualquer pretensão de uma busca pela verdade.

A mesma coisa podemos dizer ainda também em relação a outro objeto localizado pelos cientistas do JPL, e que passou a ser conhecido como "envelope", com centenas de metros de

Marte – A Verdade Encoberta

extensão. Esta estrutura está, ao contrário de outras, aparentemente quase totalmente preservada, pelo menos parece guardar ainda sua geometria inicial com seus 5 lados claramente mantidos, associados por um padrão angular inquestionável. A forma do complexo, mesmo fotografado a mais de 1300 quilômetros de distância, é mais do que evidente.

As Pirâmides do Elysium

Outro aspecto curioso em algumas das fotografias da *Mariner 9* são formações exatamente iguais, com a mesma forma, que parecem formadas de areia, mas cujas formas seguem também o mesmo padrão. O difícil é entender como o vento do planeta poderia realizar esta tarefa de reunir este material e manter essa padronização em termos de forma. Um dos aspectos mais relevantes de toda essa história é justamente esta realidade. Em Marte, na visão de alguns, parece que a geologia, os ventos, a erosão realizada pela água no passado, em determinadas regiões do planeta, teria assumido e se revestido de um caráter eminentemente inteligente, diferente do que sempre aconteceu aqui na Terra. Isto, é claro, é uma falácia, e um absurdo para ser considerado seriamente, mas esses "agentes naturais" ainda hoje têm sido utilizados para tentar explicar muitos dos sinais e vestígios da antiga civilização, como até mesmo as chamadas Pirâmides do *Elysium*, fotografadas próximas do equador marciano. Trata-se de dois pares de estruturas piramidais que foram fotografadas inicialmente pela *Mariner 9* em 8 de fevereiro de 1972, e posteriormente, mediante uma segunda fotografia tomada cerca de seis meses após.

Para a NASA, pelo menos em termos oficiais, as formações do *Elysium* seriam simplesmente mais uma singularidade causada pelos efeitos erosivos, mas mesmo o astrofísico Carl Sagan, um participante direto dos processos de acobertamento sobre a realidade da presença extraterrena na Terra, que faleceu em 1996, era mais cauteloso, e parecia não estar disposto a participar da defesa de interpretações desse tipo. Chegou a defender nas páginas de seu livro *Cosmos*, por exemplo, que as referidas estruturas mereciam ser mais investigadas durante outras missões espaciais ao planeta... Essas formações piramidais são gigantescas, e a maior delas chega a ter quase um quilômetro de altura, ou seja, é muitas vezes maior que qualquer outra estrutura semelhante existente em nosso planeta. Parecem bem erodidas e desgastadas pelo tempo. Essa descoberta possui, como outras que já apresentamos, um significado especial, e como veremos em outros capítulos, reforçava de maneira definitiva as especulações sobre a existência de uma antiga conexão entre Marte e culturas avançadas de nosso próprio planeta. Afinal, estávamos começando a descobrir monumentos e outros sinais que duplicavam, em seus detalhes e características, outras estruturas erigidas na Terra por nossos antepassados, e estávamos ainda nos primórdios da exploração do planeta. O que o futuro e novas missões seriam capazes de revelar?

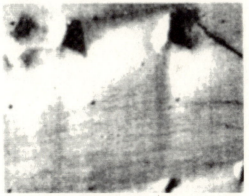

Formações piramidais gigantescas fotografadas pela *Mariner 9* no solo marciano na região conhecida como Elysium. A imagem foi publicada pelo astrofísico Carl Sagan em seu livro *Cosmos* (NASA / JPL).

Pousando em Marte 3

> Talvez haja grandes formas de vida em Marte, mas não nos locais de pouso das Vikings. Talvez haja pequenas formas de vida em cada rocha e em cada grão de areia. Na maior parte de sua história, as regiões da Terra não cobertas por água pareceram bastante com as do planeta Marte na atualidade.

Afirmativa de Carl Sagan, astrônomo, autor de vários livros, um dos principais responsáveis pelo projeto *Viking*, que fez descer duas astronaves não tripuladas, que tinham por missão procurar formas de vida.

Após os resultados bastante animadores da missão *Mariner 9*, a NASA lançou ao espaço, em 1975, duas espaçonaves em direção ao Planeta Vermelho, dentro do projeto *Viking*. A primeira delas no dia 20 de agosto, e a segunda no dia 9 de setembro. Estas espaçonaves representavam um ambicioso e cada vez mais aprofundado projeto de exploração de nosso vizinho, sem paralelo em relação ao que já havia não só sido realizado antes, e mesmo imaginado, ou pretendido. Envolvia, além de um levantamento fotográfico, que representaria um salto enorme em termos da definição das imagens, mediante dois módulos orbitais, ainda o pouso de dois *landers*, ou módulos de descida, que efetuariam na superfície do planeta uma série de experiências tendo como objetivo a detecção de formas de vida, supostamente de escala inferior: organismos unicelulares etc. Quando os norte-americanos lançaram suas espaçonaves, os soviéticos já tinham conseguido um pouso suave no planeta mediante a espaçonave *Mars 3*, que havia tocado o solo do planeta no dia 2 de novembro de 1971, mas infelizmente o artefato espacial parou de transmitir 20 segundos após o pouso, por razões que permanecem desconhecidas. Os soviéticos já vinham, na verdade, contabilizando vários insucessos em suas tentativas de explorar Marte. Ao contrário do que tinha acontecido em seu programa lunar.

Os módulos orbitais do projeto *Viking* conseguiram milhares de imagens do solo do Planeta Vermelho, e muitas dessas revelam claros sinais da presença de uma antiga civilização (NASA / JPL).

A chegada das espaçonaves

Finalmente, após cobrirem e vencerem uma jornada de 100 milhões de quilômetro, em 1976, as *Vikings* fizeram a aproximação definitiva do planeta, e entraram em sua órbita. A primeira espaçonave no dia 19 de junho, e a segunda em 7 de agosto. Antes, entretanto, dos módulos da primeira espaçonave serem separados, para que o *lander* pudesse penetrar na atmosfera marciana e pousar em seu solo, os cientistas e técnicos do Laboratório de Propulsão a Jato (JPL) se valeram das imagens que já estavam sendo obtidas pelo módulo orbital da nave para definir e escolher de uma maneira mais segura o local exato para o pouso. Pousar uma espaçonave em um mundo distante milhões de quilômetros requeria o máximo de cuidado e controle, e o projeto como um todo, independentemente dos aspec-

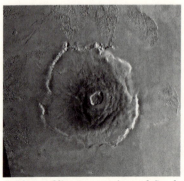

O Monte Olimpo, o maior vulcão de nosso sistema solar descoberto pela espaçonave *Mariner 9*. Essa imagem foi obtida pelo módulo orbital da espaçonave *Viking 1* (NASA / JPL).
http://nssdc.gsfc.nasa.gov/imgcat/html/object_page/vo1_mh20n133.html

tos científicos, era o mais caro, o que mais recursos vinha consumindo, desde o fim da exploração lunar pelos astronautas do país. O módulo de descida da *Viking 1* tocou o solo da região conhecida como *Chryse* cerca de um mês depois da chegada a Marte, em 20 de julho de 1976. Pela primeira vez os norte-americanos tinham conseguido um pouso suave e controlado em outro planeta. Para a descida do módulo da *Viking 2*, foi selecionada a região de *Utopia*. A espaçonave efetivou o procedimento de pouso e tocou o solo da área escolhida pouco menos de um mês depois de sua chegada à órbita marciana, em 3 de setembro.

Comemorando o sucesso do primeiro procedimento de pouso e com a informação de que todos os instrumentos da espaçonave (*Viking 1*) funcionavam perfeitamente, os técnicos e cientistas da NASA haviam resolvido correr um risco um pouco maior, escolhendo para a segunda espaçonave uma área não tão propícia para uma aterrissagem, dentro das limitações tecnológicas da época, apesar de ser também uma planície. Esta área ficava a cerca de 5 mil quilômetros de distância da região onde

Imagem do solo de Marte na região de *Utopia* conseguida pelo módulo de pouso (*lander*) da espaçonave *Viking 2*. Segundo o astrônomo Carl Sagan, sete amostras diferentes de solo, recolhidas nas regiões de *Utopia* e *Chryse*, onde aconteceu o pouso da *Viking 1*, deram resultados positivos para a existência de microrganismos no solo do planeta na atualidade. Apesar disso a NASA acabou por considerar oficialmente estes resultados como inconclusivos (NASA, JPL).
http://nssdc.gsfc.nasa.gov/imgcat/html/object_page/vl2_22a158.html

a primeira espaçonave havia pousado, e bem mais ao norte. Havia um pensamento naqueles dias de que *Utopia* seria um sítio mais propício para a busca de vida, e o encontro de sinais de água; afinal, estava mais próxima de uma das calotas polares. Mas o fato é que, mesmo em uma situação mais crítica, o módulo da segunda espaçonave acabou descendo também em segurança, pousando suavemente em *Utopia*.

Procurando vida

Cada um dos *landers* estava equipado com um braço mecânico para a retirada de amostras do solo, que seriam analisadas posteriormente mediante vários experimentos microbiológicos. Pelos critérios estabelecidos antes do início das missões pelos cientistas do JPL, e outros associados ao projeto, duas das três experiências microbiológicas pareceram ter produzido resultados positivos. Quando amostras do solo do planeta foram misturadas a uma espécie de "sopa orgânica estéril", levada da Terra, surgiram sinais, indicando a presença de microorganismos, que metabolizaram o alimento terrestre. Em outro teste, quando gases da Terra foram introduzidos, tiveram contato, com amostras do solo do planeta, eles aparentemente se combinaram, quase como se existissem micróbios fotossintetizadores, gerando matéria orgânica a partir desses gases.

Segundo Carl Sagan, que foi um dos principais responsáveis pelo projeto *Viking,* inclusive em termos de sua concepção e objetivos, sete amostras diferentes de solo, recolhidas em *Chryse* e *Utopia*, regiões que, como já indicamos, estão separadas por cerca de 5 mil quilômetros, deram resultados positivos. O surpreendente é que, apesar disso, a NASA, na época, preferiu considerar os resultados questionáveis, ou inconclusivos. Pelo menos foi esta a sua manifestação oficial, a versão fornecida publicamente. Mesmo com a posição dúbia da agência espacial, esses resultados já eram extremamente animadores, pois todos sabiam, como ressalta Sagan em seu livro *Cosmos*, que os sítios escolhidos para os pousos estavam longe de serem os mais indicados para busca de vida. Foram escolhidos dentro de parâmetros que levavam muita mais em conta a segurança para os pousos dos módulos, do que possibilidades mais favoráveis para busca de microorganismos, ou vida em termos gerais. Isso, inclusive, era assumido abertamente pelo NASA na época.

Presença de água

As duas espaçonaves confirmaram a presença de argônio, um gás pesado que não poderia existir a não ser no caso do Planeta Vermelho, no passado, ter possuído realmente uma atmosfera que se comparasse à da Terra. Indicou também que a calota polar norte é constituída de água congelada. Logo, existia, segundo as mensurações do projeto *Viking*, água em Marte e em quantidades muitas vezes superior ao que os mais otimistas imaginavam. O próprio solo do planeta apresenta água congelada, e existiam sinais de sua presença também no subsolo, além da atmosfera, onde a água aparece na forma de vapor.

As *Vikings* revelaram uma atmosfera quase totalmente composta por gás carbônico. Entretanto, já era evidente na época do projeto que havia possuído uma atmosfera rica em oxigênio, pois seu solo apresenta-se extremamente oxidado – fato que determina a sua coloração avermelhada. Concluindo, podemos dizer que as duas espaçonaves do projeto reafirmaram todas as possibilidades de existência de condições favoráveis a existência de vida no passado do planeta, que já haviam sido insinuadas pela missão *Mariner 9*. Mas esse projeto de exploração do planeta foi muito mais além, apesar de todas as negativas oficiais da NASA, pois confirmou, mediante as fotos obtidas pelos módulos orbitais, a existência de construções e monumentos gigantescos deixadas por uma antiga civilização, cuja origem não podia ser estabelecida, apesar dos claros sinais de alguma forma de conexão com civilizações de nosso próprio planeta. Estávamos realmente vivendo momentos muito especiais da história da exploração espacial de nosso sistema solar.

Um olhar para o espaço

Do ponto de vista das imagens obtidas pelos módulos orbitais, o primeiro grande impacto, trazendo algo realmente revelador, veio quando a câmera da *Viking 1* começou a fotografar, no dia 25 de julho (1976) a região conhecida como *Cydonia*, uma planície localizada bem ao norte do equador do planeta. A primeira dessas imagens, obtida a uma distância de 1873 quilômetros, revelou um conjunto de estruturas gigantescas onde se destacavam o que pareciam ser os restos de várias pirâmides, uma delas com cinco lados. Nessa mesma imagem, a foto *35A72*, podia ser visto ainda algo mais surpreendente: uma representação clara de uma cabeça aparentemente humana, cujo "olhar" estava voltado para o espaço. Segundo as estimativas, o *Rosto* como passou também a ser conhecida a estrutura, media cerca de 1580 metros em seu eixo maior, e tinha aproximadamente 400 metros de altura.

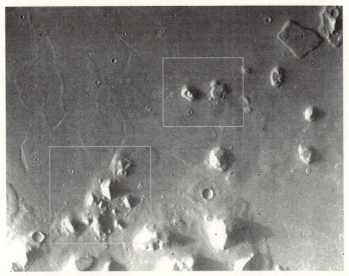

Foto *035A32* obtida em 1976 pela espaçonave *Viking 1*, documentando a região conhecida como *Cydonia*, localizada no hemisfério Norte de Marte, onde foram descobertas uma *Face* com feições humanas e um conjunto de estruturas piramidais. A identificação dessas construções abalou o sistema de poder por trás do acobertamento da presença alienígena no programa espacial (NASA / JPL / MSSS).

Foto liberada pela NASA junto com o *release P-17384* de 31 de julho de 1976. Segundo a agência espacial, esta imagem, obtida seis dias antes pelo módulo orbital da *Viking 1*, na qual pode ser vista claramente a forma de uma cabeça de características humanas, que possui 1580 metros em seu eixo maior, revelaria apenas um efeito ilusório de luz e sobra associado a uma estrutura rochosa natural, interpretação que foi progressivamente questionada por vários especialistas em ótica e processamento computadorizado de imagens (NASA / JPL / MSSS).
http://www.msss.com/mars_images/moc/extended_may2001/face/1976pio.html

Apesar da clareza da imagem, o Laboratório de Propulsão a Jato (JPL), responsável pelo projeto, divulgava já no dia 31 de julho de 1976 uma nota acompanhada por uma foto ampliada da *Face* (*Press Release P-17384*), onde afirmava que estávamos diante apenas de um efeito de luz e sombra, que havia gerado a ilusão de estarmos diante de uma estrutura artificial com a forma de uma cabeça humana. O fato é que além dessa primeira imagem, e de todas as tentativas de encobrir a importância dessa descoberta, cujas implicações para o futuro da exploração do planeta eram inegáveis, o próprio projeto *Viking* conseguiu mais três fotografias da mesma região, e em todas elas a *Face* aparecia de maneira evidente, ou seja, não havia nada que indicasse que estávamos diante de uma ilusão, pelo contrário; mas a existência dessas fotos só foi admitida pela agência espacial depois.

Negativas de uma realidade

Mediante a insistência da agência espacial de que não havia nada nessas fotos que fosse digno de investigação, vários cientistas e especialistas na área de processamento de imagens começaram progressivamente a buscar um aprofundamento das análises, e começaram a questionar o que a NASA havia afirmado. A própria postura do JPL em seus pronunciamentos oficiosos não deixava de ser algo a merecer também uma análise cuidadosa, e isto antes de um mergulho definitivo nos estudos das fotografias. Afinal, como já revelamos, em todas as quatro fotografias obtidas da área, o *Rosto*, a *Cabeça*, ou a *Face*, era claramente percebida. Ilusão ou não, este fato não podia ser negado, e a postura da agência espacial era no mínimo suspeita. Qualquer cidadão desavisado poderia até imaginar que a agência espacial podia estar de posse de algum tipo de mecanismo especial de análise, que possibilitava de uma forma matemática e definitiva, chegar a uma conclusão. No caso, a uma conclusão negativa. Nada mais falso que isto! Se a matemática podia ser usada para alguma coisa, nesse caso, era na realidade para apoiar a tese artificial. Estávamos, para começar, diante de uma estrutura de simetria perfeita. Mas os responsáveis por esse caminho seguido pela agência espacial sabiam muito bem que se não eliminassem naqueles primeiros momentos após a descoberta a possibilidade de a *Face* ser uma estrutura artificial, não haveria como manter o controle sobre a situação, e o acobertamento geral vigente no programa espacial norte-americano poderia estar com os dias contatos. Essa negativa nada mais fazia que cumprir as diretrizes estabelecidas desde o início de nossa jornada rumo às estrelas, que prescreviam a política do sigilo sobre qualquer evidência ou sinal de atividade extraterrestre na órbita do nosso planeta, na Lua, ou em qualquer outro ponto de nosso sistema solar.

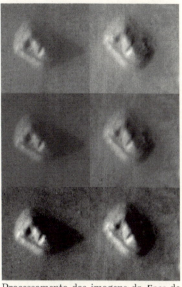

Processamento das imagens da *Face* de *Cydonia 035A32* e *070A13* apresentado pela NASA no site *Malin Space Science Systems*. Ao contrário do que a agência espacial oficialmente sempre declarou, seus estudos apoiam a interpretação artificial da estrutura, como pode ser constatado nessas imagens trabalhadas pelos seus próprios especialistas (NASA / JPL / MSSS).
http://www.msss.com/education/face-page/vikingproc.html#top
http://www.msss.com/education/face-page/fig3.gif

Uma verdade evidente

Entre os trabalhos desenvolvidos que progressivamente foram surgindo, questionando as interpretações da NASA, podemos destacar os estudos de Vicent DiPietro, engenheiro eletrônico de sistemas, especialista em processamento de imagens, cujos desenvolvimentos (hardware) passaram a ser adquiridos e utilizados pelo *Goddard Space Flight Center* da NASA, e Greg Molenar, perito em computação da *Lockheed*. Seus estudos não só questionavam as interpretações oficiosas do JPL, indicando que a *Face* era realmente artificial, como substanciavam a ideia de que existiam realmente outras estruturas em *Cydonia*, que mereciam um investigação mais aprofundada, como as estruturas piramidais, claramente geométricas, que podiam ser também vistas nas mesmas fotos, como já havia sido revelado, a oeste do *Rosto*.

Com o passar dos anos, esses mesmos especialistas, em conjunto com o Dr. John Brandenburg, físico conhecido entre outros trabalhos na comunidade científica pelos seus estudos na área do confinamento magnético de plasma, publicaram nos EUA a obra *Unusual Mars Surface Features,* onde apresentam não só um profundo estudo da *Face* de *Cydonia*, como ainda uma série de outras imagens obtidas pelos módulos orbitais do projeto *Viking*, que revelam em outros pontos do planeta mais evidências e sinais de estruturas artificiais, relacionadas a uma antiga civilização. DiPietro, Molenar e Brandenburg chegaram até a encontrar nas imagens originais da NASA sinais de outras *Faces*, como uma localizada na região de *Utopia* (*Viking 1 –* quadro *86A10*), que como veremos em seguida, parece concentrar também outras evidências da antiga civilização.

Outro investigador e cientista a se "rebelar" contra o parecer da agência espacial em relação ao *Rosto*, foi o físico, especialista em ótica e computação gráfica, Mark J. Carlotto. Com base nas quatro fotos tiradas da *Face*, em órbitas distintas da *Viking*, criou uma representação tridimensional da estrutura, confirmando a interpretação artificial. Seus estudos, incluindo os complexos procedimentos óticos e as fórmulas matemáticas usadas na análise em três dimensões, foram publicados na edição de maio de 1988 da revista *Applied Opptils*, uma publicação científica da área. Os estudos e análises de Carlloto acabaram sendo publicados também na revista *New Scientist*, que abriu várias páginas para a defesa, não só da artificialidade da *Esfinge Marciana*, como também passou a ser chamada, como para defender a ideia de que as enigmáticas estruturas fotografadas em *Cydonia* mereciam uma melhor atenção nas próximas missões enviadas ao Planeta Vermelho.

Datação dos monumentos

Outro que passou a defender estas ideias foi Richard C. Hoagland, que acabou se tornando líder do grupo *Missão Marte*, que contava com a participação de vários dos nomes citados acima. Hoagland escreveu o livro *Monuments of Mars*, mediante o qual fez uma defesa brilhante da ideia de uma antiga civilização em Marte, mas não só isto. Junto com seu parceiro de investigação, Thomas Rautenberg, outro especialista em computação, defendeu a ideia de que as principais estruturas encontradas em *Cydonia*, incluindo a *Face* e a maior das pirâmides, conhecida e denominada como *D&M* (homenagem a DiPietro e Molenar), haviam sido construídas há 500 mil anos atrás, alinhadas com o pôr-do-sol no solstício do inverno marciano.

Umas das coisas mais significativas em toda essa história que teve como ponto de partida definitivo a *Face*, é a existência, não só em *Cydonia*, mas realmente em inúmeros outros sítios ou locais de Marte, de outras estruturas com claros sinais de artificialidade. Se estivéssemos restritos a um único "achado", ou evidência, por mais que ela nos parecesse definitiva, estaríamos diante de um risco razoável a questionar nossas "certezas". Mas não é isso que aconteceu. Se antes, apenas com as imagens da *Mariner 9*, já estávamos caminhando para o estabelecimento de uma teoria ou hipótese que levasse em consideração a ideia de uma antiga civilização no planeta, com as milhares de imagens do projeto *Viking*, e o nível de definição superior das fotografias, o que era apenas de início algo especulativo passou a ter que ser levado a sério, mesmo que isso não chegasse à população do planeta, que continuava a receber uma espécie de subproduto da realidade.

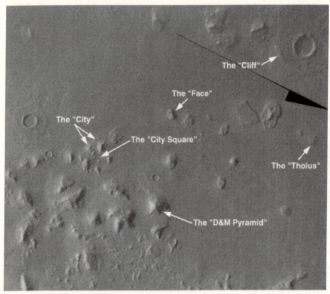

Imagem publicada no dia 5 de abril de 2000 no site *Malin Space Science Systems* por meio do *release MOC2-222*, onde temos destacados e assinalados pela própria agência espacial (NASA), várias das estruturas misteriosas documentadas nas imagens da região de *Cydonia* (NASA / JPL / MSSS).
http://www.msss.com/mars_images/moc/4_5_00_cydonia/moc2_msss_labels.gif

Mesmo em algumas legendas ou créditos de imagens que vinham sendo liberadas nas primeiras semanas após a chegada das *Vikings* à órbita do planeta encontramos coisas curiosas. Como exemplo, podemos falar do quadro *52-A-35*, liberado pelo *Centro de Imprensa* do JPL no dia 18 de agosto de 1976, que apresenta algo bastante semelhante aos terraços cultivados do Vale Sagrado dos Incas, no Andes. A legenda oficial, que acompanhava esta foto, declara:

Marcas geométricas peculiares e tão regulares que parecem quase artificiais podem ser observadas nessa foto tirada pelo orbiter da *Viking* em 12 de agosto, de uma distância de 2073 km. Essas marcas, que seguem os contornos do terreno, ficam numa depressão ou bacia pouco profunda, talvez formada por erosão causada pelo vento. Os contornos paralelos se assemelham muito a uma vista aérea de solo arado.

Irrigação artificial

Associada a esta noção de solo arado temos outra imagem surpreendente. Já vimos antes de como desde a espaçonave *Mariner 9* a NASA já possui evidências da presença de rios no passado remoto do planeta. Mas as imagens do projeto *Viking* vão também além nesse quesito referente à presença de água e sua circulação em estado líquido pela superfície de Marte. Em um dos quadros, que documenta a região do chamado *Vale Kasei*, um antigo vale fluvial, podemos ver claramente o leito de um antigo rio. A partir de uma de suas antigas margens podemos observar uma série de pequenos canais que dão a

Imagem da região do chamado vale *Kasei*, que revela o leito de um antigo rio, e na parte superior esquerda os sinais de um processo de irrigação artificial produzido pelos antigos habitantes do planeta. A imagem foi publicada também pelo astrônomo Carl Sagan em seu livro *Cosmos*, que entretanto não mencionou os pequenos leitos que podem ser vistos na área mencionada. Um dos "afluentes" inclusive cruza vários desses em ângulo reto, coisa sem explicação dentro de uma proposta, ou interpretação natural. (NASA / JPL).

impressão clara de estarmos diante dos vestígios de um sistema de irrigação artificial. Um desses canais cruza vários dos outros que partem do leito principal (natural), inclusive em ângulo reto, o que seria difícil de explicar se estes canais fossem apenas afluentes naturais. Carl Sagan chegou a publicar esta foto em seu livro *Cosmos*, mas sem fazer qualquer comentário a respeito do que destacamos. Diante dessa imagem não é difícil pensar que estamos realmente frente os indícios de uma antiga obra de engenharia visando à irrigação de uma área para plantio. Algo evidentemente totalmente apartado da visão oficial sobre o planeta, mesmo no que diz respeito ao seu passado mais remoto.

Processo de mineração

Na região conhecida como *Utopia*, mais ao sul do ponto onde foi efetivado o pouso da *Viking 2*, foi descoberta uma estrutura gigantesca envolvendo uma montanha, que apresenta todos os sinais de ter sido alvo de um processo de mineração. A estrutura apresenta quatro lados, e envolve quase totalmente a referida montanha. Pelo que podemos ver nessa fotografia não e difícil intuir que se tratava de um complexo construído com a finalidade de explorar os recursos mineralógicos da referida montanha. Não é preciso qualquer forma de conhecimento especial para perceber que estamos diante de algo claramente artificial. A simetria e perfeita e os ângulos que separam os lados não deixam dúvida da falta de possibilidade de aceitarmos qualquer explicação que não leve em conta a artificialidade do conjunto.

Existe outra imagem impressionante da mesma região, onde mais uma vez temos os sinais de uma manipulação e alteração em larga escala do solo. Estamos falando do quadro *086-A-08*. Nessa foto temos uma forma que lembra uma régua, ou seja, um grande retângulo alongado. Mas o mais surpreendente é que na mesma foto podemos observar uma outra montanha que teve um de seus lados "cortado" com uma precisão cirúrgica. Não temos a menor noção de como isto pode ter sido feito. Na verdade ela apresenta outros sinais ainda de manipulação: sua parte superior parece ter sido aplainada, e existem outros vestígios de modificação em menor escala, que ainda podem ser observados. Este quadro da *Viking* é determinante não só para apoiarmos de maneira definitiva a ideia da presença de uma cultura alienígena no passado remoto do planeta, mas, sobretudo a ideia de que estamos diante de evidências de uma civilização claramente superior em termos de capacidades tecnológicas e científicas. Estava mais que documentado também o aspecto planetário dessa civilização. Os vestígios e sinais da antiga civilização estavam espalhados em vários sítios distintos. Mas, surpreendentemente, teríamos que esperar muitos anos para que um retorno efetivo de nossas espaçonaves ou sondas ao Planeta Vermelho viesse realmente a se tornar realidade.

O projeto Fobos | 4

No mês de julho de 1988, dando continuidade às suas tentativas de exploração de Marte, cujos resultados eram até então insignificantes frente ao programa espacial norte-americano, os soviéticos lançaram ao espaço duas espaçonaves dentro do projeto *Phobos*, com o envolvimento e participação da Agência Espacial Européia (ESA), e de vários centros científicos franceses e alemães.

A primeira espaçonave, a *Phobos 1*, perdeu-se no espaço interplanetário bem antes de chegar ao seu objetivo. Já a *Phobos 2* teve mais sorte, e conseguiu entrar em órbita do planeta em 1989. Mas ao contrário de várias das naves soviéticas enviadas antes, que em geral pouco produziram devido as inúmeras falhas, o objetivo principal era na verdade dessa vez uma das duas pequenas luas marcianas, no caso o satélite *Phobos*, que provavelmente seria um asteróide capturado pela gravidade de Marte.

Mesmo não sendo o objetivo principal da missão, a *Phobos 2* obteve inúmeras imagens do solo, com destaque para algumas que apresentam uma série de linhas retas documentadas na região do equador de Marte. Algumas dessas linhas são largas o suficiente para parecerem retângulos. Este arranjo cobre cerca de 600 km^2. O mais interessante é que estas imagens não foram obtidas pela câmera ótica "convencional", mas conseguidas pela câmera infra-vermelha, como uma outra, obtida no dia 1 de março (1989), que documenta uma arranjo de formas geométricas na região conhecida como *Hydraote Chaos*. É extremamente improvável que um fonte natural de calor, como jazidas de minerais radioativos no sub-solo, pudesse gerar um arranjo de base geométrica.

A espaçonave *Phobos 2*, que depois de fotografar um UFO gigantesco desapareceu misteriosamente (NASA / Arquivo Petit).
http://nssdc.gsfc.nasa.gov/planetary/phobos.html

Atividade no presente

Imagens desse tipo serviram na época para justificar progressivamente o aparecimento das primeiras especulações sobre uma possível atividade extraterrestre no solo do planeta, na atualidade. A dúvida era se esta possível presença alienígena estaria relacionada a um processo de sobrevivência parcial da antiga civilização, ou se os indícios de atividade extraterrestre no presente estavam relacionados a outras culturas alienígenas, sem ligação com os restos da antiga civilização.

Mas a missão *Phobos 2* revelaria ainda muitas surpresas que colocariam em evidência novamente uma possível atividade alienígena em nosso tempo. O próprio fim antecipado da missão pode estar relacionado a esta realidade.

Justamente quando a espaçonave se aproximava de seu objetivo principal, no dia 25 de março (1989), ela obteve uma impressionante fotografia de uma sombra gigantesca no solo do planeta. Não havia dúvida que a fonte que bloqueava os raios solares estava muitos quilômetros acima de sua superfície. Na verdade aparentemente também em órbita de Marte. A imagem apresenta na verdade duas sombras. A primeira delas de forma lenticular foi e continua sendo apresentada de maneira equivocada por muitos como produzida por um UFO que estava em órbita. Trata-se na realidade simplesmente da sombra projetada pela própria lua (*Phobos*). Mas alinhada com esta de maneira perfeita, existe outra bem mais extensa em termos de comprimento, em forma de fuso, ou charuto, cuja fonte também não só estava em órbita de Marte, como nas vizinhanças do próprio satélite natural do Planeta Vermelho. A realidade é que pouco depois da obtenção dessa imagem, segundo um comunicado do próprio centro de controle da missão, divulgado pela agência *Tass* no dia 28 de março (1989), foi perdido o contato com a espaçonave, e por mais que os cientistas e técnicos tenham tentado restabelecer as comunicações, isto não foi possível. De uma maneira surpreendente, o próprio diretor da agência espacial, o cientista A. S. Selivanov coordenou uma conferência com a imprensa para divulgar o misterioso desaparecimento da espaçonave e a misteriosa sombra fotografada no solo do planeta.

Fotos censuradas

Durante muito tempo circularam informes e boatos que faziam menção à existência de outras fotos batidas logo em seguida à imagem que documenta a sombra do misterioso objeto, justamente nos últimos momentos que antecederam a perda das comunicações. O centro de controle da missão se limitou a fornecer, e comentar, entretanto, mesmo com o passar dos meses, apenas a imagem que apresentava as sombras da lua marciana, e do objeto não identificado, o que já era na época uma postura bastante diferente da mantida pela agência espacial norte-americana (NASA), onde o sigilo era total em relação a qualquer coisa que permitisse uma real discussão da presença de naves alienígenas operando dentro de nosso sistema solar. Mas para a surpresa de muitos, essas imagens apareceram justamente em um evento ufológico realizado em 1991, e pelas mãos da cosmonauta russa Marina Popovich, ex-esposa do general, e também cosmonauta Pavel Popovich, um dos heróis da astronáutica da extinta URSS. As imagens são realmente impressionantes. Na primeira delas podem ser observados simultaneamente parte da circunferência do planeta Marte, a lua *Phobos*, e na parte inferior da fotografia um objeto em forma de fuso gigantesco, que segundo as estimativas tinha mais de 20 quilômetros de extensão. O UFO era inclusive maior, em termos de extensão, que o próprio satélite do planeta. A segunda foto, disponibilizada por Popovich, supostamente a última que havia sido tomada antes da perda do contato com a espaçonave, que havia sido mantida em sigilo e total segredo, mostra mais uma vez a lua *Phobos*, e de uma maneira ainda mais clara o gigantesco objeto não identificado. Quando de sua obtenção a *Phobos 2* já estava mais perto ainda de seu objetivo. O projeto tinha como missão final um pouso suave na própria lua de Marte para estudar a composição de seu solo.

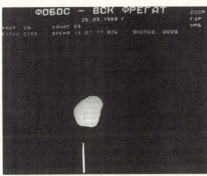

O UFO gigantesco em forma de fuso e a lua marciana *Phobos*. A imagem foi disponibilizada para o ocidente pela astronauta russa Marina Popovich (Arquivo Petit).

Existem várias versões para a perda de contato, que vão desde uma falha final nos seus sistemas (ela já vinha apresentando problemas), até sua destruição por parte das inteligências responsáveis pelo UFO em forma de fuso que aparece nas fotos apresentadas por Marina Popovich. Segundo a agência espacial responsável pela missão, foram detectados ainda sinais muito fracos, sem muita constância, como se ela estivesse girando sobre si mesma, o que impediria que a antena da sonda espacial pudesse ficar voltada para a Terra. A ideia para justificar esta situação seria, pelo menos em termos de possibilidade, segundo os próprios cientistas da agência espacial, ela ter sido atingida por algo. Devemos ressaltar que esta especulação foi apresentada quando do anúncio da perda da espaçonave, vários meses antes das fotos do UFO em forma de charuto chegarem à comunidade ufológica internacional.

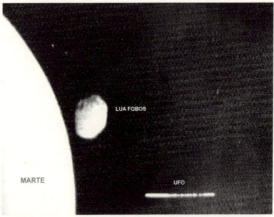

Uma das duas últimas fotografias obtidas pela *Phobos 2* momentos antes de ser perdido o contato com a espaçonave. Nela podemos ver o planeta Marte, a lua *Phobos*, e na parte inferior direita o UFO em forma de charuto. A imagem foi liberada também e disponibilizada para o ocidente pela astronauta russa Marina Popovich (Arquivo Petit).

Pessoalmente não acredito em algum tipo de intervenção direta das inteligências por trás do UFO no fim da missão da *Phobos 2*, mas é inegável a possibilidade da espaçonave ter sofrido alguma forma de interferência ao se aproximar da lua *Phobos* e do próprio objeto não identificado. Nossas aeronaves (aviões, helicópteros) várias vezes já sofreram interferência não só em seus instrumentos em contatos próximos com os discos voadores em nossa atmosfera, como em seus desempenhos e trajetórias. Mesmo em nosso programa espacial este tipo de realidade já havia se manifestado antes, quando da aproximação de UFOs de nossas espaçonaves. O primeiro caso de alguma forma de interferência aconteceu, segundo meus registros, durante o vôo do *Sputnik 2*, lançado no dia 3 de novembro de 1957 do cosmódromo de *Baikonur*, no Cazaquistão, que levou a bordo para o espaço o primeiro ser vivo, a cadela *Laika*. No terceiro dia da missão em torno de nosso planeta o veículo soviético passou a ser acompanhado de perto por uma nave alienígena, passando a apresentar, segundo a telemetria e instrumentos do centro de controle da missão, irregularidades em sua órbita, chegando mesmo a deixar de transmitir seu sinal em alguns momentos. É de se ressaltar que nesse caso o UFO em questão estava longe de possuir as dimensões do objeto fotografado pela *Phobos 2*.

Marina Popovichh já chegou a declarar que os acontecimentos nos últimos momentos da missão *Phobos 2*, com destaque para as fotos, chegaram a ser alvo de conversação entre George Bush e Mikhail S. Gorbatchev durante a conferência de cúpula realizada em Malta no início de dezembro de 1989, inspirada não só nos acontecimentos que sepultaram definitivamente a Guerra Fria e seu maior símbolo, a queda do Muro de Berlim, ocorrida poucas semanas antes, mas em fatos que ainda hoje estão além da percepção da quase totalidade da humanidade. Os verdadeiros acontecimentos que levaram os dois blocos detentores do poder planetário a um processo de reflexão forçada, que acabou evitando nossa autodestruição em uma guerra termonuclear. Como já afirmamos em várias conferências e detalharemos mais a frente no final deste livro, a Guerra Fria começou a acabar primeiro no espaço, pela progressiva constatação do nível da presença alienígena não só por todo o "nosso" sistema solar, mas inclusive na própria Terra.

O desaparecimento da *Mars Observer*

Depois dos problemas surgidos dentro do projeto *Phobos*, a suspeita de que algum tipo de interferência ou ataque direto, por parte de forças alienígenas, sobre nossos veículos do programa de exploração de Marte, voltou a surgir como especulação em 1993, quando da perda da *Mars Observer*. A espaçonave, que havia sido lançada em 25 de setembro de 1992, tinha como objetivos um levantamento fotográfico detalhado de sua superfície, que seria realizado com um sistema de imagens bem mais sofisticado, que poderia revelar detalhes bem menores, estudos climatológicos e de seu campo magnético. Havia uma grande esperança por parte dos defensores da existência de uma antiga civilização no planeta, de que suas imagens colocariam fim de maneira definitiva à polêmica surgida mediante as fotos da *Mariner 9*, e sobretudo aquelas conseguidas durante o projeto *Viking*. A verdade é que mesmo os sinais de atividade alienígena na órbita e no solo do planeta, obtidas pelo *Phobos 2*, não haviam tido tanta repercussão em termos públicos, quando as imagens, por exemplo, da *Face*, em *Cydonia*, conseguidas pelos módulos orbitais das *Vikings*. Não parecia haver dúvidas de que o ícone da possibilidade de vida em Marte continuava a ser, em 1993, a misteriosa imagem daquele rosto fitando o céu do Planeta Vermelho.

Mas três dias antes de entrar em órbita do planeta, no dia 21 de agosto de 1993, depois de 11 meses do seu lançamento, foi perdido o contato com a *Mars Observer*. O centro de controle da missão em Pasadena (Califónia) passou a enviar comandos, sinais de 20 em 20 minutos, na esperança que a espaçonave ainda "respondesse", voltando a restabelecer o contato. Esse retorno de comunicação não aconteceu. Pelo menos em termos oficiais a NASA nunca mais teve notícias de sua espaçonave.

Surgiram várias explicações para a perda de contato com a espaçonave. O historiador do programa espacial James Oberg, autor de várias obras sobre Marte, defendeu a ideia que a sonda simplesmente explodiu em meio às manobras finais de aproximação do planeta e os procedimentos para entrada em sua órbita.

A notícia da perda da espaçonave mediante o anúncio oficial feito pelo Laboratório de Propulsão a Jato da NASA (JPL), só fez provocar mais especulações sobre o que de fato estava acontecendo em Marte com nossas astronaves. O já citado Richard Roagland, na liderança de um grupo de cinco cientistas do grupo *Missão Marte*, fez pesadas críticas à NASA, acusando publicamente a agência espacial de estar encobrindo desde 1976 a descoberta de uma antiga civilização extraplanetaria. Chegou-se mesmo a aventar a possibilidade da NASA ter criado a história do desaparecimento e perda da espaçonave para manter longe da humanidade as provas definitivas da antiga civilização no planeta e, é claro, surgiram mais uma vez aqueles defensores da teoria *Star Wars*, que pretendiam que forças alienígenas estavam destruindo nossos artefatos enviados a Marte com o objetivo de manterem segredo sobre detalhes da presença alienígena naquele mundo. De todas as opções surgidas com o suposto silêncio da *Mars Observer*, esta última me parece a mais descabida. Como veremos mais a frente, pelo contrário, nossos artefatos, pelo menos alguns dos que posteriormente foram enviados para explorarem o planeta, passaram a ter, conforme detalharemos, uma espécie de ajuda para se manterem operacionais por períodos totalmente inexplicáveis frente às condições em que operavam, ou mesmo considerados possíveis pelos seus próprios construtores.

A espaçonave norte-americana *Mars Observer*, que desapareceu quando se preparava para entrar na órbita do Planeta Vermelho em 1993 (NASA / JPL).
http://nssdc.gsfc.nasa.gov/image/spacecraft/mars_observer.jpg

Retornando a Marte 5

Com o desaparecimento da *Mars Observer*, a NASA teve que esperar vários anos para voltar de fato àquele mundo. A próxima missão incluiria não só os objetivos da nave desaparecida, como uma ampliação das investigações. Estávamos diante de um intervalo gigantesco em termos temporais entre o fim do projeto *Viking*, em 1977, e o lançamento da espaçonave *Mars Global Surveyor*, no dia 7 de novembro de 1996. Era difícil de acreditar que depois das descobertas realizadas pelas *Vikings* na década de 70, os norte-americanos só conseguiriam voltar ao planeta em 1997, quando, depois de uma viagem de 10 meses, a MGS entrou finalmente no dia 12 de setembro em órbita de Marte.

O grande intervalo entre os sucessos das espaçonaves *Mariner 9* e *Vikings* (*1* e *2*), que revelaram os primeiros sinais da presença de uma antiga civilização, e cujas mensurações já indicavam que Marte tinha sido no passado um mundo mais clemente em relação a vida, e a inserção na órbita marciana da *Mars Global Surveyor*, só serviu para aguçar ainda mais o interesse pelos resultados da missão.

Os objetivos científicos envolviam imagens de alta resolução da superfície, estudos da topografia e da gravidade, o papel da água e da poeira na superfície e na atmosfera do planeta, estudos das variações climáticas, composição da superfície e atmosfera, e a existência e evolução do campo magnético de Marte. A espaçonave, que pesava com seus instrumentos mais de 1 tonelada, era alimentada em termos de energia por quatro painéis solares de 667 Watts de potência. Não só os adeptos e envolvidos com a teoria da antiga civilização como, é claro, os gestores da missão da NASA, tinham pleno conhecimento de que o sistema de imagens da MGS, a *Mars Orbiter Câmera*, um dos instrumentos mais sofisticados da espaçonave, revelaria de maneira definitiva a verdade sobre o que de fato existia ou não no planeta.

A *Mars Orbiter Câmera*, além de produzir imagens de baixa resolução de todo o planeta ao longo do transcurso da missão, para permitir as pesquisas sobre as alterações relacionadas às modificações na atmosfera e na superfície, documentaria com imagens de alta resolução a totalidade da superfície daquele mundo, com uma definição de até apenas um metro, dependendo da distância em que estivesse a nave da região fotografada, já que a órbita da espaçonave era elíptica, e não circular. Progressivamente, a órbita inicial de grande excentricidade, por meio da frenagem na camada superior da atmosfera do planeta e da utilização da propulsão do veículo espacial, seria transformada em uma órbita polar quase circular, favorecendo o processo fotográfico. Cada região do planeta então seria fotografada por meio de uma órbita baixa, e a uma distância inferior. Ou seja, a superfície de Marte seria revelada de uma maneira nunca antes imaginada e possível. Não havia como a agência espacial impedir que as provas definitivas da antiga civilização, e da presença alienígena na atualidade, chegassem

A espaçonave *Mars Global Surveyor* que chegou a Marte em 1997 para dar continuidade a exploração do Planeta Vermelho (NASA/ JPL / Caltech).
http://mars.jpl.nasa.gov/mgs//gallery/images_mgs-mons.html

ao povo norte-americano e à humanidade, pelo menos se as fotos que seriam obtidas fossem progressivamente divulgadas. O acobertamento no programa espacial parecia estar com os dias contatos, mas algo surpreendente acabou acontecendo.

Uma farsa inacreditável

Em abril de 1998, sem que a NASA tenha antes chamado muito a atenção para o início da missão fotográfica da MGS, a agência espacial liberou com grande destaque a primeira foto da *Face* de *Cydonia* obtida desde 1977. Segundo os dados da mesma, que acompanhavam a imagem, a foto havia sido tomada no dia 4 de abril, durante a órbita de número 220, quando a *Mars Global Surveyor* se encontrava a cerca de 444,21 km de distância. A resolução da imagem era de 4.32 metros / *pixel*, próxima, portanto do limite mais elevado estabelecido para o processo fotográfico. Mas onde estava o *Rosto*? A agência espacial chamava atenção justamente para o fato de não observarmos na imagem nada parecido com a visão da *Face* obtida pelo projeto *Viking*, onde em todas as imagens tínhamos a noção de uma face humana fitando o espaço, algo tridimensional estabelecido em meio à planície de *Cydonia*. A NASA, ao mesmo tempo que divulgou a foto, chamou a atenção para o fato de que estávamos diante de uma prova definitiva de que a *Face* nada mais era que uma ilusão causada pela baixa definição das imagens da década de 70. A mídia em geral aceitou sem qualquer questionamento as afirmativas da agência espacial, ajudando a NASA em seus objetivos de encerrar a polêmica em torno de *Cydonia*, dando grande destaque tanto à imagem como as informações que pretendiam sepultar todo e qualquer interesse do público em geral pelo assunto. Lembro perfeitamente como os telejornais divulgaram na época a "descoberta", este lamentável episódio do processo de desinformação. Mas como é possível tamanha discrepância entre as imagens das *Vikings* e a foto liberada pela agência espacial em 1998?

A primeira coisa que chama atenção na fotografia da

MGS é a falta de uma noção de relevo, ou tridimensionalidade, isto não apenas no que diz respeito ao que teria sido no passado interpretado como a imagem de um rosto, como em relação à totalidade da imagem liberada. Qualquer pessoa com o mínimo de conhecimento sobre imagens espaciais percebe que a fotografia em questão não representa algo em seu estado natural. A agência espacial, antes de liberar a imagem, suprimiu, ou não utilizou os recursos relativos ao processamento de imagens espaciais que permitem uma visão realística do que é fotografado. Falando claramente, nada que aparece na fotografia, seja o que deveria pelas imagens antigas ser a *Face*, ou mesmo crateras, montanhas, está em seu estado normal e real. A foto esta "chapada", e apresenta sinais também de ter sido distorcida em um de seus sentidos.

O que mais me surpreendeu foi a facilidade com que tanto a mídia como expressiva parcela da população recebeu o que estava sendo oferecido. Coisas deste tipo acontecem e são planejadas a partir da ideia de que significativa parcela da humanidade pode ser facilmente manipulada, o que na verdade sabemos estar muito próximo da realidade. Como consequência deste triste "espetáculo", vez por outra, ainda hoje, constato, para minha surpresa, alguns colegas de nossa própria área (ufologia) se referirem à estrutura como um engodo. Para agirem assim devem des-

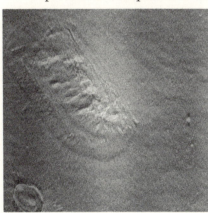

Primeira imagem da *Face* de *Cydonia* liberada em abril de 1998 pela NASA obtida pela espaçonave *Mars Global Surveyor*. Como pode ser observado na fotografia, foi disponibilizada sem os recursos naturalmente utilizados no processamento das fotografias espaciais. A manobra da agência espacial visava encerrar as discussões sobre a artificialidade da estrutura, mas a NASA acabou sendo duramente questionada (NASA / JPL / MSSS).
http://nssdc.gsfc.nasa.gov/image/planetary/mars/mgs_cydonia2_processed.jpg
http://www.msss.com/education/facepage/fig3.gif

Marte – A Verdade Encoberta 59

conhecer todos os estudos que já foram realizados por várias personalidades, inclusive do mundo astronômico e acadêmico, especialistas em ótica, processamento de imagens etc., que já haviam divulgado seus estudos técnicos antes da MGS chegar a Marte, mediante as imagens do projeto *Viking*, como acabaram se envolvendo em toda a polêmica após a divulgação da primeira imagem da *Face* obtida em 1998. Entre esses, podemos destacar, além do já citado Dr. Mark Carlotto, físico especialista em ótica, o astrofísico Thomas C. Van Flandern, que faleceu em 2009, depois de uma carreira brilhante mais do que reconhecida por seus estudos relacionados ao aprofundamento dos nossos conhecimentos sobre o Universo.

Flandern, mesmo antes de se envolver com a polêmica e se tornar um dos principais defensores da realidade artificial da *Face* e também de outras estruturas misteriosas de Marte, atingindo frontalmente os interesses em manter o sigilo sobre o que de fato existia em Marte, já havia se tornado conhecido por defender ideias e teorias revolucionárias dentro da área da física e astronomia. Com várias obras publicadas, o matemático, especialista em mecânica celeste, e doutor em Astronomia pela Universidade de Yale, não se intimidou com o que havia por trás da manobra da agência espacial de seu país. Mesmo na qualidade de principal astrônomo de um observatório do governo (*US Naval Observatory*), foi até as últimas consequências na defesa da verdade.

Após seu meticuloso trabalho de reconstituição realizado na imagem liberada pela NASA, que incluiu uma técnica especial de computação gráfica para compensar o ângulo desfavorável, relacionado à posição da espaçonave em relação à *Face* no momento em que a foto foi tomada, a reconstituição da imagem, segundo Flandern, "revela que estamos diante definitivamente de uma estrutura artificial, produzida em passado remoto por representantes de algum civilização extraterrestre". O cientista chegou a fazer um detalhado depoimento revelando os motivos que o levaram a esta conclusão, apresentando tudo posteriormente na forma de uma conferência pública na própria capital do país, na cidade de *Washington*, no dia 8 de maio de 2001, quando teve o apoio de físicos, geólogos, etc., entre outros especialistas, para os quais o *Rosto* também é algo artificial.

Mas a conferência, que teve ampla cobertura da mídia, transcendeu em muito os aspectos relacionados à *Face* da planície de *Cydonia*. Na oportunidade, o astrônomo, mediante a apresentação de 55 slides, deixou claro, como muitos já haviam defendido antes, incluindo este autor, que a *Face* era apenas uma entre tantas outras estruturas artificiais já detectadas nas imagens da agência espacial (NASA). Flanders chegou a apresentar outras fotos obtidas pela *Mars Global Surveyor*, que estavam sendo já progressivamente liberadas, mas sem nenhum tipo de chamamento maior para sua importância, onde, segundo ele, podiam ser constatados sinais inclusive da existência de formas de vida vegetal no solo do planeta.

Mas a verdade é que a manobra realizada pela agência espacial em abril de 1998 atingiu, pelo menos de início, os resultados pretendidos. A divulgação da foto da *Face* descaracterizada e manipulada, depois de toda a expectativa pela primeira imagem de *Cydonia* depois de 20 anos, conseguiu lançar um véu de desinteresse pela missão da nova espaçonave. Isto permitiu que a agência espacial, com a mídia acompanhando a distância, mantivesse as coisas sobre controle, ao mesmo tempo em que realizava o mais detalhado e aprofundado levantamento fotográfico do solo do planeta já realizado.

Quando Thomas Flandern proferiu três anos depois, em *Washington*, sua conferência, o Laboratório de Propulsão a Jato da NASA, em Pasadena, Califórnia, responsável pela missão da MGS, já havia conseguido não só evidências definitivas da presença de ruínas da antiga civilização em vários outros pontos do planeta, mas estava trabalhando em cima de imagens que indicavam um ambiente muito mais clemente em relação às possibilidades de vida na atualidade do que poderíamos imaginar de início, compatíveis plenamente com as necessidades para existência de formas de vida vegetal. Outro aspecto que passava

Marte – A Verdade Encoberta

longe do material fotográfico disponibilizado periodicamente pelo JPL, ou de seus *press releases*, eram os sinais indicativos de alguma forma realmente de atividade alienígena no solo do planeta na atualidade, que progressivamente vinham sendo detectados conforme o levantamento fotográfico se desenvolvia.

Reconstituição (correção) da fotografia da *Face* de *Cydonia* liberada pela NASA em 1998 feita pelo astrônomo norte-americano Thomas Van Flandern, do Observatório Naval (Thomas Van Flandern / Arquivo Petit).
http://www.metaresearch.org/solar%20system/cydonia/asom/artifact_html/default.htm

Mars Pathfinder

Mas as certezas que uma elite dentro da área espacial norte-americana tinha da presença dos sinais deixados por uma antiga civilização avançada que havia existido no passado remoto do planeta, não vinham mais apenas de imagens obtidas da órbita marciana. No mesmo ano em que chegou a Marte a MGS, a NASA tinha conseguido outro feito decisivo fundamental para documentação dessa realidade.

No dia 4 de julho de 1997, 9 meses antes da manobra da agência espacial para encobrir a realidade da natureza artificial da *Face* de *Cydonia,* o Laboratório de Propulsão a Jato (JPL) tinha conseguido pousar no solo do planeta a *Mars Pathfinder*, que incluiu, além de um módulo que ficou fixo no solo e obteve cerca de 16.500 fotos, o primeiro *rover* (jipe) da NASA para exploração da superfície do planeta, que conseguiu gerar um arquivo de imagens de mais 550 imagens, conforme se movimentou pela superfície marciana na área em torno de onde ficou fixado o *lander*. O pouso aconteceu na região conhecida como

Ares Vallis, mais exatamente nas coordenadas (19.33 N / 33.55 W), área escolhida mediante as imagens orbitais do projeto *Viking*, que indicavam um processo erosivo por água, e que havia sido banhada no passado remoto do planeta, aparentemente, por um antigo rio.

O *rover* da *Pathfinder*, o primeiro da NASA a chegar ao planeta Marte, que fez importantes descobertas (NASA / JPL).

O surpreendente é que já em algumas das imagens tomadas no próprio dia do pouso as fotografias já revelaram, no local, rochas com sinais de artificialidade, apresentando até padrões geométricos, como se estivéssemos diante de fragmentos de antigas estruturas, ou construções, destruídas por algum tipo de efeito cataclísmico.

O *Sojouner*, como foi batizado *o rover*, realizou ainda, mediante sua mobilidade, várias análises de rochas e de solo, que indicaram, segundo a própria agência espacial, a existência realmente de água em estado líquido no passado da região. No total foram transmitidos 2,3 bilhões de bits de informação, e apesar do período curto da missão (cerca de três meses), os resultados foram extremamente significativos não só em termos gerais, como no que diz respeito aos sinais da presença de uma cultura avançada, de uma civilização no planeta em passado remoto.

Investiguei pessoalmente os arquivos de imagens da missão *Pathfinder*, tanto mediante o *Photojournal*, o site de "propaganda" da NASA, quanto mediante os outros arquivos de imagens do JPL específicos da missão, incluindo o catálogo "Sol" (*The Sol Archive*), que apresenta as fotos batidas em cada dia da missão.

A primeira coisa que chama realmente a atenção quando observamos as imagens liberadas com um padrão de definição maior, é de fato a noção de que a região de *Ares Vallis* sofreu realmente algum tipo de cataclismo que gerou um efeito mecânico sobre as rochas. Apesar do aparente efeito de "pulverização"das estruturas rochosas, várias dessas, e isto vale tanto para algumas de pequenas dimensões como para outras de tamanho mais avantajado, guardam ainda sinais claros de manipulação por "mãos humanas", como o já mencionado aspecto geométrico de algumas, e o que aparece de maneira mais comum: cortes perfeitos. Existem rochas com aspecto triangular, retangular, etc. Detectamos ainda em alguns exemplares rochosos traços misteriosos, como se existissem vestígios de símbolos, impressos ou esculpidos. Já outras imagens parecem revelar vestígios ou sinais de fósseis de antigos animais, realidade que, como veremos mais a frente neste livro, foi confirmada, apesar ainda da falta de declarações oficiais, mediante outras missões enviadas ao planeta.

Fenômeno luminoso

Outro aspecto misterioso e ao mesmo sugestivo, que chamou muito minha atenção, e que foi detectado em duas das imagens que analisei, é um albedo incomum, um efeito luminoso curioso, em *Twin Peaks*, uma formação montanhosa que aparece em expressiva parcela das fotos obtidas pelo *lander* da *Pathfinder*. No momento em que duas das 14 imagens tomadas no dia 22 de julho de 1997 foram obtidas, foi documentado aparentemente um processo de reflexão anômala da luz solar, como se algum material refletor existisse na área, gerando um efeito de espelhamento. Curiosamente, essas duas fotos são as únicas em preto e branco do dia 22 de julho. Na página desse dia da missão existe uma referência de que o fenômeno estaria relacionado ao tipo de solo na região do cume da montanha. A primeira questão que surge é como a agência espacial chegou a essa conclusão, pois a área em questão não foi investigada pelo *rover* da *Pathfinder*, pelo menos é esta a informação oficial. Em outra foto tomada no mesmo dia, em outro momento, mas que apresenta cor natural (colorida), e que pode ser vista na mesma página do já mencionado *arquivo Sol*, nada de comparável é observado, o que pode evidentemente ser explicado pelo ângulo diferenciado de incidência da luz solar.

Depois de examinar pessoalmente milhares de fotos espaciais, incluindo as obtidas pelo programa de exploração do Planeta Vermelho, nunca vi nada parecido com o que podemos observar nas fotos em questão. Parece existir realmente alguma coisa de invulgar e muito singular em *Twin Peaks*. Mas o que seria? Restos de antigas estruturas de um material comparável, em termos de reflexão, a espelhos? Destroços metálicos?

Imagens conseguidas durante a missão *Pathfinder* da região conhecida como *Twin Peaks*, onde foram registrados sinais de albedo anormal, como se algum material artificial estivesse produzindo um efeito luminoso especial mediante a luz solar (NASA / JPL).

O aspecto curioso é que as referidas fotos são exatamente as únicas liberadas em preto e branco na página do dia 22 de julho de 1997. Isso foi uma mera coincidência? Mas existe ainda outro aspecto particular na disponibilização das duas imagens. Outra coisa que reparei é que das 14 fotos do solo marciano obtidas naquele dia, disponibilizadas na página do referido arquivo, justamente as duas de nosso interesse foram liberadas pela agência espacial com um nível mais baixo de definição (31K). Essa realidade relacionada às duas imagens mais importantes do dia, inclusive para o próprio JPL, chamou realmente a minha atenção. Mas conforme eu fui analisando mais fotografias, acabei descobrindo que esse efeito especial relacionado aparentemente a um albedo fora dos padrões normais pode ser observado também em outros pontos da região, inclusive mais próximos ao local de pouso da *Pathfinder*, como constatei, por exemplo, mediante a foto *PIA01001*. O efeito que constatei é quase como se determinados pontos da região emitissem alguma quantidade de luz. Algo realmente surpreendente...

A esfinge de Ares Vallis

Apesar da missão *Pathfinder* ter ficado restrita a uma área relativamente pequena, já que o *Sojouner* pouco se afastou do *lander* (o módulo fixo), *Ares Vallis* revelou coisas realmente inesperadas. Exatamente na direção de *Twin Peaks*, que representou o limite de observação em termos de fotografias, em uma das direções, a partir da câmera do *lander*, foi constata uma curiosa estrutura. Esse "objeto" foi fotografado inúmeras vezes, apesar da agência espacial não se referir a ele, e muito menos destacar a existência da estrutura em termos das imagens liberadas. Ele é observado com diferentes níveis de definição em meio às imagens panorâmicas de *Ares Vallis*.

Quando abrimos a página da missão *Pathfinder* presente no *site Photojournal*, temos uma foto panorâmica que apresenta uma visão da região em direção a *Twin Peaks*. A misteriosa formação pode já ser vista (sem detalhes), no canto esquerdo. Mas como o nível de definição presente nessa imagem não é dos melhores, a estrutura pode passar como mais uma formação rochosa da área, apesar de ser facilmente perceptível devido o seu tamanho.

Ao explorar progressivamente o arquivo de imagens presente no *Photojournal*, encontrei inicialmente duas postagens de alta definição para estudar a formação. Estou falando respectivamente das fotos *PIA02406* e *PIA02405*, ambas coloridas. Quando ampliei essas duas imagens, não foi difícil perceber a sua natureza artificial. Apesar da distância não permitir uma visão mais próxima e com um nível definição maior, as duas fotos ampliada fornecem praticamente uma cópia da imagem da esfinge de *Gize* no Egito, quando vista de uma posição lateral. Continuei buscando outras imagens da mesma área, acreditando na possibilidade de ter uma visão ainda melhor da estrutura. Progressivamente fui encontrando outras, algumas ainda dentro do arquivo do *Photojounal*, como a foto *PIA00995*, que oferece uma imagem em 3D da área de *Twin Peaks*. Depois de examinar detalhadamente todas as imagens relacionadas, não tenho dúvida de que estamos diante de algo extremamente significativo. Uma formação com sinais evidentes de artificialidade, e que curiosamente revela pontos de ligação com uma das estruturas mais misteriosas da cultura egípcia, e do passado de nosso planeta.

A descoberta de pequenos artefatos

Mas existe muita mais ainda a ser encontrado, e minha investigação revelou ser prudente examinar cada detalhe das imagens. Se fosse possível, devido à importância do que pode ser descoberto, "cada grão de areia" deveria merecer nossa atenção. Este trabalho está ainda no início, apesar de toda a minha dedicação e de outros investigadores. Na imagem *PIA00907* do já citado *Photojournal*, detectei recentemente mais dois objetos curiosos, claramente artificiais. O primeiro que notei está associado a uma pequena rocha que, no momento da obtenção da fotografia, tomada mediante a câmera do *lander* da *Pathfinder*, estava prestes a ser atingida pela roda dianteira direita, do *Sojouner*. A imagem, apesar da clareza, não permite uma definição de se estamos diante de um "recorte" perfeito presente na pequena rocha (se for realmente uma rocha), ou de um objeto, associado a ela. O segundo artefato que localizei pode ser visto próximo da roda traseira, também direita, do mesmo *rover*. Parece um bastão, ou coisa parecida, mas sua natureza, independentemente do caráter artificial, é um mistério. Não apresenta qualquer sinal de ser algo relacionado ao tempo em que a região foi atingida, como aparentemente todo o planeta, por uma catástrofe cósmica. As anomalias luminosas docu-

Marte – A Verdade Encoberta

mentadas na região e os dois últimos artefatos poderiam estar associados à possibilidade de alguma atividade no presente, na região de pouso da *Pathfinder*? Para o autor, esta possibilidade não pode, nem deve ser descartada.

As descobertas em *Ares Vallis* sem dúvida foram fundamentais para a política de sigilo e controle de informações em relação às descobertas que seriam realizadas por meio da espaçonave *Mars Global Surveyor*. A manobra vergonhosa relacionada à imagem da *Face* de *Cydonia* não aconteceu por acaso. Como veremos no próximo capítulo, tudo que foi insinuado e revelado pelas imagens obtidas pela *Pathfinder*, que estudou uma área restrita e ínfima do solo marciano, materializou-se em larga escala e progressivamente mediante a missão seguinte, como veremos no próximo capítulo.

As descobertas da Mars Global Surveyor 6

O primeiro aspecto a ser considerado neste capítulo, por uma questão de sentido e ordenamento da importância das descobertas, é a questão da existência de água. As imagens obtidas a partir da órbita marciana pela espaçonave *Mariner 9*, e pelos dois módulos orbitais do projeto *Viking*, na década de 70, como já revelamos, documentaram de maneira ampla e consistente a existência de leitos de antigos rios, comprovando a presença de água em estado líquido no passado remoto do planeta, quando as condições ambientais eram mais favoráveis inclusive à existência de formas de vida.

Este tipo de evidência foi encontrado também em inúmeras fotos da MGS, e a qualidade superior das imagens em termos de definição, como a proximidade maior dessa espaçonave em relação ao planeta, tornou inquestionável essa realidade no passado.

Mas a surpresa, se é que podemos levar esta ideia a sério, já que a NASA possui o habito de postergar a revelação de suas descobertas, às vezes por décadas, foi a constatação, em inúmeras fotos da referida espaçonave, segundo a própria agência espacial, de sinais da presença de água em estado líquido na atualidade, e isso em regiões distantes das calotas polares, onde, apesar de não admitida oficialmente, pelo menos em termos de algo inquestionável, havia uma certeza da presença do precioso líquido.

No site do *Malin Space Science Systems* (*http://www.msss. com*), como no já citado *Photojournal* (*http://photojournal. jpl.nasa.gov*), ambos relacionados ao Laboratório de Propulsão a Jato da NASA, encontramos inúmeras fotos documentando essa realidade. Mais especificamente no primeiro existem, não só imagens claras revelando a presença de água em estado liquido, como uma série de *releases* que aprofundam a discussão dessa realidade. Entre estes podemos destacar os *releases MOC2-238*, *MOC2-239*, *MOC2-241*, divulgados em junho de 2000, e *MOC2-1619*, do dia 6 de Dezembro de 2006, que fazem referências e apresentam imagens de canais e outros efeitos erosivos produzidos pela passagem de água na atualidade.

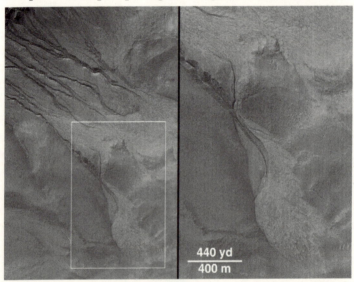

Imagem associada ao *release* MGS *MOC2-241* de 22 de junho de 2000 do *Malin Space Science Systems*, documentando segundo a agência espacial (NASA) evidência de água em estado líquido (canais abertos pela água) na região da cratera Gorgonum (NASA / JPL / MSSS)

Este tipo de evidência, que foi documentado em vários pontos na superfície do Planeta Vermelho, somado à constatação da presença de água congelada nas regiões polares, que nos verões marcianos, pelo menos em parte, passa para o estado líquido, acabou por provocar uma discussão, e trazer de volta a polêmica sobre a existência de formas de vida vegetal na atualidade.

A ideia sedimentada durante décadas de investigações sobre as condições de aridez do solo marciano, sempre invocada pelos algozes da ideia da existência de formas de vida no planeta em nosso tempo, começava a enfraquecer de maneira definitiva, apesar disso não ser admitido pela maioria dos céticos em relação à questão.

Essa questão possui uma importância fundamental, e não posso deixar de revelar que em vários momentos, ao observar e estudar várias das imagens dessas áreas, onde, segundo a própria agência espacial, teríamos vestígios e sinais de processos erosivos decorrentes da presença de água em estado líquido, identifiquei alguns sítios, ou locais, onde o solo do planeta se parecia demasiadamente com as áreas cobertas por formas de vida vegetal em nosso planeta, quando vistas da órbita terrestre.

A foto que mais me impressionou foi à imagem *PIA01889*, obtida no dia 12 de outubro de 2006, documentando a região da cratera *Newton*, que pode ser vista no já mencionado *Photojournal*. Em vários pontos dessa fotografia, justamente bem próximo dos locais onde temos os vestígios, os sulcos provocados pela passagem de água, o solo apresenta um padrão bem característico, indicando, em minha visão, a possibilidade de uma cobertura biológica, de nível vegetal. A imagem em questão revela ainda em outros pontos um padrão anômalo, que em nada se parece com as regiões do Planeta Vermelho cober-

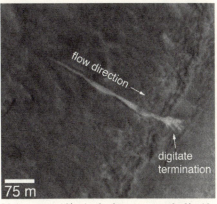

Mais uma evidência de água em estado líquido em nosso tempo documentada pela espaçonave *Mars Global Surveyor*, agora na região conhecida como Terra Serenum (NASA / JPL / MSSS).
http://www.msss.com/mars_images/moc/2006/12/06/gullies/sirenum_crater/S0902603_fig.gif

tas pelos desertos, ou dunas de areia. Sinceramente, não sei como interpretar ou definir o que observei nessa imagem. Esse aspecto anômalo chega a ser, em alguns pontos, semelhante à área conhecida como *Hydraote Chaos*, fotografada pela espaçonave *Phobos 2*, que documentou sinais da presença de um complexo de estruturas artificiais, aparentemente operacional na atualidade.

Voltando a falar dos aspectos relacionados às possibilidades de vida vegetal no presente, o problema principal nessas imagens da MGS não é a definição, ou qualidade das fotos, mas o aspecto de estarmos diante de fotos em preto e branco. Mas se nesse caso, em relação a essas áreas específicas, desenvolvi uma suspeita de estarmos diante de sinais de vida vegetal, outras fotos das regiões polares do planeta trouxeram mais substância ao assunto e, no mínimo, uma base mais contundente para as especulações nessa direção.

Formas de vida vegetal

O primeiro a abordar seriamente a ideia da existência de formas de vida vegetal, inclusive de grande porte, nas imagens da MGS, foi o já citado Thomas C. Van Flandern. Em sua conferência de 2001 em Washington, quando defendeu a legitimidade da interpretação artificial para a natureza da *Face de Cydonia*, o astrônomo, falecido em 2009, apresentou uma imagem realmente impressionante, na qual podemos ver o que parecem ser vegetais gigantescos, acima da camada de gelo do polo sul do planeta. A foto, imagem *M08-04688*, foi divulgada pela agência espacial mediante um release no dia 16 de Outubro de 2000. No momento de sua obtenção a *Mars Global Surveyor* estava a pouco mais de 370 quilômetros de altitude. O centro da fotografia documenta a região cujas coordenadas são 284.38°W / 82.02°S. O nível de definição da imagem é excelente, permitindo uma visão realmente impressionante. Para Flandern, a fotografia realmente documentaria um conjunto de formas de vida vegetal cujo porte seria gigantesco. Já segundo a agência, essa interpretação não teria consistência. Poderíamos estar diante apenas de fraturas nas camadas de gelo do polo sul.

Independentemente da polêmica surgida, a verdade é que eu mesmo comecei a detectar em outras imagens mais recentes da MGS padrões do mesmo tipo. Um outro *release* divulgado no dia 24 de abril de 2004 pela agência espacial revelou outra imagem do polo sul tão impressionante, ou até mais, que a apresentada em 2001 por *Flandern*. A latitude do centro da imagem é quase a mesma da foto anterior (82.65°S), mas a longitude é bem distinta (99.78°W), o que revela uma distância razoável entre as áreas fotografadas. Mas apesar disso a fotografia base do *release*, foto *R09-03461*, documenta o mesmo tipo de realidade: uma possível cobertura biológica de natureza vegetal de parte da região fotografada. A mesma coisa podemos também observar na foto *PIA03042* do site *Photojournal*, associada a um *release* divulgado inicialmente pela agência espacial no dia 15 de Outubro do ano 2005. A imagem em questão documenta também uma área cuja latitude é próxima da primeira imagem analisada por *Flandern*, ligeiramente mais afastada do polo sul, mas a longitude também é diferenciada (299.78°W). A impressão que tenho é de estar diante de uma grande "mancha de vida" encobrindo as camadas gélidas do polo sul do planeta.

Se não estamos diante de uma forte evidência de vida vegetal, a natureza e geologia do Planeta Vermelho nos proporcionaram realmente algo muito singular, e apartado do que observamos nas regiões polares de nosso próprio planeta. A ideia alternativa oferecida pela agência espacial, que relaciona fraturas na estrutura do gelo com uma forte presença de gás carbônico, tem encontrado forte oposição, pois em imagens obtidas pela própria MGS de áreas mais afastadas das regiões polares, inclusive em meio aos desertos marcianos e dunas, outras formações semelhantes, também associadas e interpretadas pelos investigadores como evidências ou sinais de vida vegetal têm sido localizadas.

Marte – A Verdade Encoberta

Uma das imagens apresentadas pelo astrônomo Thomas Van Flandern conseguidas pela espaçonave *Mars Global Surveyor*, durante sua conferência em Washington, que foi realizada no dia 8 de maio de 2001. Para o cientista, falecido em 2009, estaríamos diante de sinais de vida vegetal de grande porte no solo do planeta na atualidade (NASA / JPL / MSSS)
http://www.msss.com/moc_gallery/m07_m12/jpegmaps/M08/M0804688.jpg

Uma visão pessoal

A verdade é que depois de analisar um grande número dessas imagens, tanto das regiões polares como de áreas mais próximas do equador, desenvolvi a ideia de que podemos estar diante de duas realidades. Acredito ser possível, no que diz respeito principalmente às imagens do polo sul, que parte das áreas encobertas ou enegrecidas constatadas nas camadas gélidas da região podem de fato estar associadas às tais fraturas e presença de neve carbônica, mas parece existir algo mais nessas fotografias, difícil realmente de explicar em termos geológicos.

Progressivamente desenvolvi uma visão particular frente à questão, que admite a possibilidade de estarmos diante de duas realidades. Cheguei a esta possibilidade principalmente depois de encontrar a imagem associada ao *release* do dia 24 de abril de 2004, foto *R09-03461*. Analisando de maneira aprofundada esta fotografia, não é difícil perceber tanto as áreas encobertas por alguma forma de mancha, falando claramente: enegrecidas pelo que pode ser realmente apenas um efeito gerado pelo gás carbônico, como detalhes de outras estruturas, que manifestam nitidamente um aspecto tridimensional dentro dos padrões esperados para formas de vida vegetal, acima do gelo, e não simplesmente associadas a este. Este é o verdadeiro aspecto a ser considerado. Independentemente da existência de neve carbônica, existem sinais da presença de algo realmente "crescendo" em vários pontos da superfície congelada do polo sul de Marte.

Imagem liberada pela NASA mediante o site *Malin Space Science Systems* no dia 24 de abril de 2004 documento uma área da região polar sul do planeta Marte. A área clara na fotografia é constituída de gelo. Mais um sinal de vida vegetal na atualidade? Segundo a NASA apenas fraturas na estrutura congelada do polo sul marciano (NASA / JPL / MSSS).
http://www.msss.com/moc_gallery/r03_r09/full_jpg_non_map/R09/R0903461.jpg

Detalhe ampliado de uma das áreas cobertas pela imagem anterior. Formas de vida vegetal, ou neve carbônica surgindo mediante fraturas na superfície do polo Sul do planeta?
http://www.msss.com/moc_gallery/r03_r09/full_jpg_non_map/R09/R0903461.jpg

Segundo detalhe (ampliação) da imagem de possíveis sinais de vida vegetal na atualidade no Planeta Vermelho liberada pela agência espacial no dia 24 de abril de 2004 (NASA / JPL / MSSS).
http://www.msss.com/moc_gallery/r03_r09/full_jpg_non_map/R09/R0903461.jpg

Crateras em forma de coração

Outro aspecto que envolve os primeiros anos da missão *Mars Global Surveyor* esta relacionado à presença em algumas fotografias de outro tipo de "anomalia" no solo do planeta. Não estamos falando ainda de construções em ruínas, ou dos sinais de instalações operacionais na atualidade. Essas "curiosidades", encaradas aparentemente pela NASA como "casualidades geológicas, ou astronômicas", aparecem até com destaque na página inicial da galeria de fotos do site do *Malin Space Science Systems*. Uma postura diferenciada e mais inteligente da agência espacial, desenvolvida após o lamentável caso da foto da *Face* de *Cydonia* (1998), pois demonstra, pelo menos aparentemente, que não existe mais interesse em esconder essas coisas, mas como veremos essa modificação na maneira de encarar a realidade esta longe de ser a ideal, ou refletir a importância das descobertas já realizadas.

Um bom exemplo dessa realidade pode ser visto por meio do *release MOC2-135*, relacionado a uma dessas formas, datado do dia 17 de junho de 1999, que encontrei também no site do *MSSS*. Trata-se de uma das mais surpreendentes imagens obtidas pela MGS. Nela podemos ver uma cratera com mais de dois quilômetros com a forma exata de um coração. A cratera esta localizada na região conhecida como *Tarsis*, na área do vulcão *Alba Patera*. O problema é como entender sua origem, pois a ideia de que o impacto de algum bólido tenha produzido uma estrutura com as referidas características é totalmente absurda. Pensar na possibilidade de estarmos

Uma das impressionantes imagens obtidas pela espaçonave Mars Global Surveyor de crateras na forma de coração (NASA, JPL / MSSS).

diante de algo produzido pelo impacto de dois corpos de origem meteórica, é um exercício mais do que especulativo, e em termos de possibilidades esta ideia, diante do que pode ser visto na imagem, parece tão ou mais absurda que a primeira. Não existe também qualquer forma de sinal nessa cratera para buscarmos uma origem em processos vulcânicos, ou sísmicos.

O *release* em questão, que apresenta esta imagem, ao contrário do que pode ser notado em outros do mesmo site da agência espacial, não parece muito interessado em esclarecer os detalhes da imagem que é base do mesmo, o que, convenhamos, não seria muito fácil, diante da inusitada forma da cratera. Alguém poderia pensar que estamos diante realmente de uma casualidade geológica, ou astronômica, mas o problema é que posteriormente foram localizadas em outras fotografias mais crateras, e outras estruturas apresentando o mesmo tipo de padrão e desenho.

No dia 11 de fevereiro do ano seguinte (2000), o mesmo site apresentou, mediante o *release MOC2-207*, imagem de uma outra formação com aproximadamente 255 metros de extensão, que havia sido fotografada no dia 26 de novembro de 1999, nas coordenadas 79.6°S, e 298.3°W, mais uma vez na área do polo sul do planeta. Essa segunda descoberta relacionada a formações duplicando a forma de um coração humano apresenta uma simetria perfeita, como a cratera descoberta antes, e ainda outro detalhe impressionante. A estrutura possui um padrão de reflexão (sol) totalmente diferente do verificado na área ao redor, revelando que está constituída de outro tipo de material, muito mais brilhante, como destaca a própria agência espacial, o que torna o mistério ainda maior.

No dia 7 de maio de 2002 o JPL, mediante mais uma vez o *Malin Space Science Systems*, apresentava outra imagem desconcertante do solo marciano. Estou falando da foto *E04-01514*, obtida quando a *Mars Global Surveyor* estava a cerca de 382 Km de altitude sobre a região conhecida como *Condor Chasma*, na região equatorial do planeta. Nessa fotografia, além de estar documentada a presença de mais uma forma semelhante a um coração, temos um triângulo, entre outras formas, que revelam que alguém parece ter feito "desenhos" gigantescos no solo do planeta. Se as imagens anteriores já eram difíceis de explicar dentro de padrões naturais, ou acidentais, o que dizer das formas que podemos ver nessa fotografia, agrupadas em uma única região?

A verdade é que conforme a MGS ampliava sua documentação fotográfica, outras formas do mesmo tipo continuaram a ser encontradas nas imagens disponibilizadas, incluindo outras crateras reproduzindo de maneira surpreendente a já mencionada forma de um coração humano. Este tipo de padrão (coração), de maneira surpreendente continua nos dias atuais a ser documentado em outros pontos do planeta por outras espaçonaves que iniciaram suas missões posteriormente, como a *Mars Reconnaissance Orbiter*, cujas descobertas serão também alvo e assunto nesse livro.

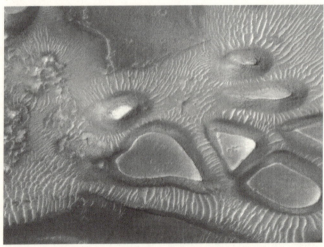

Imagem E04-01514 disponibilizada pela NASA no dia 7 de maio de 2002 documentado "desenhos" gigantescos no solo da região conhecida como *Condor Chasma*. Além de uma estrutura em forma de coração, apresenta outras formas de padrão geométrico (NASA / JPL / MSSS). http://www.msss.com/moc_gallery/e01_e06/full_jpg_non_map/E04/E0401514.jpg

A Face do Rei

Após as manobras relativas à *Face* em 1998, a NASA progressivamente realmente não se eximiu de continuar a divulgar as imagens que estavam sendo obtidas pela MGS, por mais que pudessem ser representativas no que diz respeito aos sinais da presença de uma antiga civilização. Mas a verdade é que, como a mídia em geral havia assimilado bem a ideia de que em *Cydonia*, e em Marte no geral, não existia nada de relevante, havia um desinteresse quase total pelas fotografias que estavam sendo disponibilizadas. A própria maneira com que as fotos da missão estavam sendo liberadas, individualmente ou por meio de *releases*, estava longe de poder chamar a atenção para o que de fato estava sendo documentado pela missão.

Seria necessário entrar nos sites oficiais da agência e ver foto após foto, ampliando cada uma delas progressivamente, para poder achar realmente alguma coisa além daquilo que a própria agência fazia em alguns momentos questão de ressaltar. Para o JPL, responsável pela espaçonave, a coisa mais avançada que podia ser discutida era a questão da existência de água na atualidade. Mas pesquisadores independentes estavam longe de acreditar na visão passada pela agência espacial sobre o que existia ou não no planeta, e progressivamente começaram a descobrir coisas surpreendentes.

No dia 22 de maio de 2000, foi postado no site do *Malin Space Science Systems* uma imagem da região conhecida como *Lybia Montes*, localizada pouco acima do equador do planeta (275.52°W / 2.66°N). Esse *release*, que divulga a imagem *M02-0305*, só apresenta informações técnicas relacionadas à fotografia. Não existe qualquer referência ao que de fato podemos ver na imagem, após sua ampliação. Quase na parte central da fotografia podemos observar nitidamente outra *Face* de configuração humana, inclusive de dimensões superiores à de *Cydonia*. Apesar dos sinais causados pelos fatores erosivos, que garantem a antiguidade da estrutura, são perceptíveis claramente todos os detalhes presentes em um rosto humano:

olhos, nariz, incluindo as duas narinas, boca, etc.

Eu já havia mencionado em meu terceiro livro (*UFOs, Espiritualidade e Reencarnação*), sua descoberta e importância como mais uma evidência da existência de sinais objetivos da presença no planeta de uma antiga civilização. Fiz isto dentro do capítulo específico sobre Marte, incluindo no mesmo a própria foto dessa estrutura.

Dois anos depois da NASA ter tentado "sepultar" a *Face* de *Cydonia*, foi documentada mais essa evidência de que o planeta, em um passado remoto, que ainda não podemos definir a quanto remontaria, ostentou realmente uma civilização capaz de deixar monumentos gigantescos. A *King Face* (Face do Rei), como passou a ser conhecida a estrutura, não deixava dúvida de que conforme fosse sendo desenvolvido o mapeamento fotográfico do planeta, muitas outras novidades surgiriam.

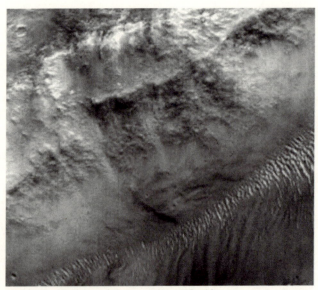

A *Face* do *Rei* fotografada na região conhecida como *Lybia Montes*. Apesar de visivelmente desgastada pelo tempo e os processos erosivos, revela claramente o padrão de um rosto com feições humanas (NASA / JPL / MSSS).
http://www.msss.com/moc_gallery/ab1_m04/maps/M0203051.gif

UFO abandonado

Na verdade, mesmo antes da agência espacial ter fotografado em abril de 1998 a *Face* de *Cydonia* pela primeira vez, depois de duas décadas de ausência do planeta a MGS já havia tomado imagens surpreendentes e ao mesmo tempo reveladoras. Quando ainda estava envolvida no processo de decaimento orbital, cumprindo ainda a órbita de número 85, e a uma altitude superior a 1000 km, sua câmera documentou um objeto gigantesco de característica ovóide, aparentemente abandonado na região conhecida como *Ophir Chasma*, nas coordenadas 70.32°W / 4.46°S.

Quando tive meu primeiro contato com esta imagem, há vários anos atrás, veio logo à minha lembrança a imagem de uma das naves descritas pelo coronel Uyrangê Holanda, comandante da chamada *Operação Prato*, projeto sigiloso criado dentro do I Comando Aéreo Regional, situado na cidade de Belém (Pará), que investigou no ano de 1977 uma grande onda de aparições de UFOs na Amazônia, que permitiu a ele próprio e aos seus comandados observar, fotografar e filmar naves gigantescas. O objeto fotografado em Marte tinha exatamente a mesma forma de uma das naves observadas e fotografadas no estado do Pará pela equipe de militares brasileiros.

O curioso em relação ao *release* associado a esta imagem, é que ele só foi disponibilizado, no site do *Malin Space Science Systems*, dois anos depois de sua obtenção, no dia 6 de junho de 2000. Para comparação, basta ressaltar que a primeira imagem da *Face* de *Cydonia* obtida pela mesma espaçonave foi liberada, dentro daquele processo inacreditável de manipulação, poucos dias após a sua obtenção. Hoje a fotografia pode ser vista também, conforme descobri recentemente, no site *U.S. Geological Survey* (*www.usgs.gov*), que apresenta uma galeria de imagens sobre Marte obtidas pela MGS.

Acredito mesmo que imagens como desse provável UFO documentado no solo do planeta já nas primeiras semanas da missão fotográfica, tenham servido para induzir, ou motivar,

Marte – A Verdade Encoberta

a agência espacial, ou aqueles responsáveis pela política de acobertamento dentro do programa espacial norte-americano, a desenvolveram aquelas manobras relacionadas à primeira fotografia de *Cydonia*, visando afastar a mídia de uma cobertura mais atenta do que seria conseguido pela missão da espaçonave. Mas como veremos em seguida, as atitudes da NASA, em determinados momentos, podem parecer contraditórias, ou mesmo revelar a existência de uma luta "subterrânea" para o estabelecimento da política dentro da área espacial dos EUA frente à questão alienígena.

Nefertiti em Marte

Curiosamente, no mesmo dia em que foi divulgado o *release* da *Face* na região conhecida como *Lybia Montes*, no dia 22 de maio de 2000, a agência espacial liberou outro *release* (*M03-05549*), também sem fazer qualquer referência ao que aparece na fotografia associada. De maneira surpreendente, podemos ver nessa imagem, após a sua ampliação, uma espécie de pintura no solo, de aspecto enegrecido, uma representação de uma cabeça feminina, com vários quilômetros de extensão. O surpreendente é que a imagem representa mediante uma visão lateral uma figura com os mesmos padrões que podemos observar em vários bustos atribuídos às rainhas do antigo Egito, notadamente da rainha *Nefertiti*, o que levou a representação a ser conhecida pelo nome da famosa figura da realeza.

A representação causou grande impacto entre os investigadores dos sinais da antiga civilização. O próprio astrônomo Thomas Van Flandern a inclui em sua conferência em Washington no ano de 2001. A fotografia foi obtida quando a espaçonave estava a uma altitude de aproximadamente 375 Km. A referida imagem documenta o solo do planeta nas coordenadas 108.12°W / 14.05°S. A questão é a seguinte: teria a agência espacial divulgado os *releases* da *Face* em *Lybia Montes*, e a representação que passou a ser conhecida como *Nefertiti*, na mesma data e conjuntamente, por mera coincidência? Já estaria acontecendo depois das manobras relacionadas, posteriormente descobertas, referentes à *Face* de *Cydonia*, um processo tendo como objetivo facultar aos investigadores independentes, que buscavam realmente a verdade sobre Marte, acesso às fotografias contundentes relativas à presença da antiga civilização, mesmo que a NASA não tivesse condições de falar abertamente sobre o que essas imagens mostravam na realidade?

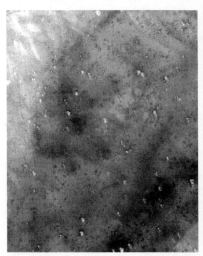 

Imagem liberada mediante o *release M03-05549* do *Malin Space Science Systems* documentando uma misteriosa "mancha" escura no solo de Marte, que foi batizada de *Nefertiti*. É visível o perfil (cabeça) de uma mulher (NASA / JPL / MSSS) http://www.msss.com/moc_gallery/ab1_m04/maps/M0305549.gif

O ressurgimento da Face de Cydonia

No dia 24 de maio de 2001, contrariando a política que vinha desenvolvendo em relação às imagens que documentavam anomalias no solo marciano passíveis de serem relacionadas pelos investigadores independentes a presença de uma civilização no passado, o Laboratório de Propulsão a Jato (JPL) divulgou uma nova fotografia da *Face* de *Cydonia*, pouco tempo depois de sua obtenção, e dessa vez sem qualquer forma de manipulação. A foto em questão, imagem *E03-00824*, tomada

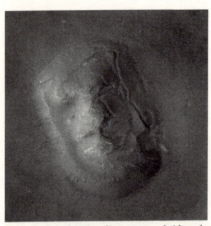

Segunda foto da *Face* de *Cydonia* obtida pela espaçonave *Mars Global Surveyor*. A imagem foi liberada no dia 24 de maio de 2001 (NASA / JPL / MSSS).
http://www.msss.com/mars_images/moc/extended_may2001/face/face_E03-00824_proc.gif

em abril do mesmo ano, foi liberada dentro do contexto do release *MOC2-283*. Além de ter sido tomada de um ângulo mais favorável do que quando da obtenção da imagem de 1998, o nível de definição não poderia ser melhor (2 metros por pixel).

De maneira surpreendente, o referido *release* apresentava inclusive uma imagem em 3D do *Rosto* marciano, produzida com a ajuda de outra foto conseguida pela mesma espaçonave em junho de 2000. Ninguém poderia negar que a agência estava pelo menos aparentemente demonstrando sinais de transparência em relação ao assunto. Mas a ideia oficialmente transmitida na época continuava exatamente a mesma, ou seja, a *Face* seria apenas uma formação geológica, algo desenvolvido dentro de uma casualidade ao longo de milhões e milhões de anos, e de origem natural. Mas até que ponto a NASA estava em maio de 2001 realmente interessada em convencer o mundo de que esta era a verdade?

Logo abaixo da abertura da página do referido *release* é visível, após o título que relaciona o mesmo à *Face* de *Cydonia* (*Highest-Resolution View of "Face on Mars"*), a foto de número *070A13* do projeto *Viking*, tendo ao seu lado direito a nova imagem obtida em 2001. Apesar do evidente sinal de um processo erosivo resultante da antiguidade da estrutura, a semelhança da nova fotografia com essa imagem da década de 70 é perceptível, e não foi por acaso que elas aparecem associadas no mesmo quadro do *release*.

Dessa vez não estamos diante de uma situação surreal, sem

sentido, como a discrepância existente entre a imagem liberada em 1998 e as fotos obtidas pelo projeto *Viking*. É de se destacar, apesar de todos os efeitos produzidos pela erosão, a perfeita simetria da estrutura. Outro aspecto que pode ser observado de maneira objetiva é a ausência de parte do lado direito da *Face*, que nas primeiras fotos esteve sempre parcialmente invisível devido ao sombreamento causado por posições desfavoráveis do Sol. Esta realidade já era perceptível na foto de 1998, notadamente depois que *Flandern* corrigiu a imagem, mas ainda não podia ser avaliado e analisado em sua real dimensão, principalmente devido ao ângulo desfavorável que a foto foi obtida.

 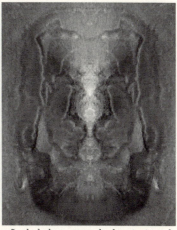

Na imagem à esquerda temos a duplicação do lado preservado da estrutura da *Face* de *Cydonia*. Já na da direita podemos observar a duplicação do lado da estrutura que aparentemente foi mais desgastado, ou destruído, que permite a visualização de uma cabeça semelhante a de um leão. Ambos os quadros foram montados mediante a segunda fotografia da *Face* de *Cydonia* obtida pela espaçonave *Mars Global Surveyor* no ano de 2001 disponibilizada no site *Malins Space Science Systems* (Arquivo Petit).
http://www.msss.com/mars_images/moc/extended_may2001/face/face_E03-00824_proc.gif

Não é difícil perceber que, de uma maneira ainda desconhecida, parcela da camada superior da estrutura em seu lado direito simplesmente parece ter desaparecido. Minha opinião, após analisar de maneira cuidadosa cada detalhe presente na imagem disponibilizada nas versões de 1.3 *Mbytes*, e 5.4

Mbytes, aponta para a possibilidade da existência de alguma causa mais drástica como explicação para a ausência de parte da estrutura. Acho difícil explicar o que podemos ver como resultado apenas de processos erosivos. Mesmo aqueles que questionam a natureza artificial ainda da estrutura, se forem realmente sinceros, terão que admitir que a textura do material do lado direito que recobre esta parte da *Face* é totalmente diferente da maior parte do lado preservado. A parte que, em minha opinião e de outros investigadores, está faltando, possui, inclusive, altura inferior. Mas estaríamos mesmo no caminho certo ao entendermos que o *Rosto* perdeu de fato, independentemente do processo, parcela de sua estrutura?

Exercícios especulativos tem sido realizados tendo como base essa imagem divulgada pela NASA em 2001. Se duplicarmos o lado preservado ficamos frente a frente com uma face de configuração semelhante à humana. Quanto a isto não existe surpresa. Mas se fizermos o contrário: duplicarmos o lado da *Face* que aparentemente está faltando? De maneira surpreendente surge uma imagem muito semelhante à de um leão. Seria isso uma mera casualidade? Já vimos ao longo deste livro vários sinais que parecem associar algumas das descobertas feitas nas imagens de Marte com a civilização egípcia. Em Gisé temos uma esfinge apresentando corpo de leão e uma cabeça humana. Será que em Marte a *Face*, a esfinge marciana de *Cydonia*, possui também duplo sentido? Teria sido produzida dentro de algum simbolismo relacionando, fundindo as figuras de um leão e de um rosto humano, em uma única parte do corpo, no caso a cabeça? Não tenho resposta ainda para essa questão, mas descobri algo de mais surpreendente no mesmo *release* do MSSS.

Como tinha feito menção, eu já havia explorado e analisado a fotografia da *Face* obtida em 2001 pela *Mars Global Surveyor*, mediante duas versões em termos de definição, além da imagem disponibilizada em 3D. Mas o referido *release* apresenta ainda um quarto *link*, não explorado por mim nos primeiros acessos que realizei para investigar a imagem, devido

86   Marco Antonio Petit

ao peso da versão. Mas recentemente quase por um "dever de ofício" resolvi abrir o *link* de maior definição (10.4 *Mbytes*), e o que encontrei foi muito além de qualquer expectativa. Para começar, ao contrário do que eu esperava, este último *link* não permite acesso a uma visão mais detalhada da *Face*. O peso maior da imagem disponibilizada está associado, na verdade, a apresentação da "tira" fotográfica inteira, que foi base para retirada das versões ampliadas da esfinge marciana que eu já havia visto. Mas o *link* em questão não foi gerado simplesmente para apresentar a foto completa obtida em 2001. Dessa vez algo de mais especial estava por trás desse detalhe, e o que vi sendo formado progressivamente perante meus olhos, após dar o comando para abrir a imagem sem dúvida foi um dos momentos mágicos dessa minha caminhada investigando os sites das agências espaciais.

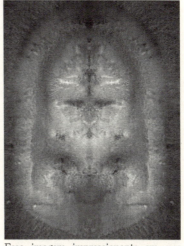

Poucos segundos depois eu estava diante de uma foto da *Face* de *Cydonia* reveladora de outra realidade. Não era mais possível ver os sinais de um rosto humano, e muito menos de um leão. Tudo que podia ser observado mediante a parte preservada da estrutura era uma imagem clara da face de um *gray* (metade), o tipo de extraterrestre responsável nos dias atuais pela maior parte dos casos de abdução em nosso planeta. A agência espacial havia invertido a posição da imagem, disponibilizando a

Essa imagem impressionante em que pode ser vista a forma de um *gray* foi montada pela duplicação do lado preservado da *Face* de *Cydonia*, também mediante a fotografia obtida pela *Mars Global Surveyor* em 2001. O autor do livro descobriu examinando as diferentes possibilidades de definição oferecidas para a visualização da fotografia no site *Malin Space Science Systems* (*release MOC2-283*), que a própria agência espacial (NASA), havia invertido propositalmente a fotografia (cabeça para baixo), para permitir essa nova leitura da *Face* de *Cydonia* (Arquivo Petit).
http://www.msss.com/mars_images/moc/extended_may2001/face/E03-00824.gif

todo e qualquer investigador, ou pessoa que explorasse o site do *Malin Space Science Systems*, especificamente o *release* sobre a fotografia da *Face* obtida em 2001, acesso a esta nova versão sobre a natureza do monumento deixado pela antiga civilização.

Em minha visão pessoal existe uma mensagem no mínimo subliminar por parte dos construtores da estrutura. Não tenho dúvida hoje de que estamos diante de um monumento com várias faces, e leituras, que provavelmente fazem parte de um único contexto, e se complementam. Pode existir uma mensagem e significado maior por trás do que estamos descobrindo.

Três estruturas

Outro aspecto significativo em muitas das imagens da MGS é a presença simultânea de mais de uma "anomalia" em uma única fotografia, e existem casos, como no da foto *M00-01661*, em que essas estruturas parecem ter sido erigidas tendo em mente um posicionamento especial, que levou em consideração algum tipo de padrão geométrico, ou de distanciamento entre as unidades do complexo.

A imagem foi tomada quando a MGS cumpria a órbita de número 408, com uma altitude de 381 km, sobre a região conhecida como *Terra Meridiani*, exatamente sobre a posição das três estruturas. Esses objetos, além de serem exatamente iguais, formam um alinhamento perfeito. A distância entre essas estruturas é exatamente a mesma. Outro aspecto que ressalta a artificialidade desse conjunto de formas é o contexto geológico da região onde foram localizadas. A foto, que em seu eixo maior cobre uma área superior a 21 km, revela um panorama em termos de geologia, conforme confirmei pessoalmente, totalmente diferenciado dessas estruturas. Não existe nada parecido na região. Os três objetos estão cercados apenas por dunas de areia.

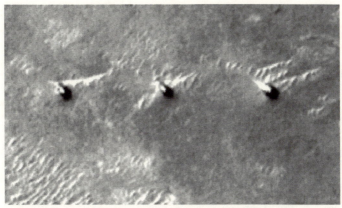

Fotografia obtida durante a órbita de número 408 da *Mars Global Surveyor*, quando a espaçonave estava a cerca de 381 km de altura sobre a região conhecida como *Terra Meridiani*. Na imagem podem ser vistas três estruturas alinhadas exatamente iguais (NASA / JPL / MSSS).
http://www.msss.com/moc_gallery/ab1_m04/jpegmaps/M0001661.jpg

A pirâmide de Condor Chasma

Em 7 de maio de 2002 a agência espacial deu seguimento a este processo de divulgação. A foto *E06-00269* foi apresentada, como de costume, sem qualquer referência ao que de fato poderia ser observado mediante o processo de ampliação. A imagem revelou a existência, na região conhecida como *Condor Chasma*, de uma estrutura gigantesca de forma piramidal, que apresenta três lados, como as primeiras formas do tipo localizadas pela *Mariner 9* na área conhecida como *Elysium*, ainda no início da década de 70 do século passado.

A estrutura é facilmente notada na versão de alta resolução disponibilizada, devido não só a sua forma claramente geométrica, como a seu tamanho gigantesco, maior que qualquer pirâmide já encontrada em nosso planeta; o difícil é não notar sua existência em meio às dunas presentes na mesma área. A fotografia foi obtida no dia 4 de julho de 2001, quando a espaçonave estava justamente sobre a região, a uma altitude de 381 km, durante a órbita de número 10381, e como outras que revelam sinais da antiga civilização, ficou quase um ano dentro do que podemos chamar de "quarentena", antes de sua divulgação. Essa pirâmide é sem dúvida um dos principais achados realizados pela MGS na região equatorial do planeta.

Estrutura piramidal gigantesca (três lados) fotografada pela *Mars Global Surveyor* na região conhecida como *Condor Chasma* (imagem *E06-00269*). Na foto da direita para comparação as pirâmides egípcias de *Gizé* (NASA, JPL / MSSS).
http://www.msss.com/moc_gallery/e01_e06/full_jpg_non_map/E06/E0600269.jpg

Ampliação da imagem da pirâmide descoberta na região de Condor Chasma. A fotografia foi obtida quando a espaçonave se encontrava a cerca de 381 km de altura sobre a região (NASA / JPL / MSSS).
http://www.msss.com/moc_gallery/e01_e06/full_jpg_non_map/E06/E0600269.jpg

Tubos misteriosos

Outro achado surpreendente, que ainda hoje continua a causar grande polêmica, foi a descoberta da existência de grandes estruturas na forma de tubos, ou dutos, que foram detectados pela primeira vez em uma fotografia obtida pela MGS no dia 11 de agosto de 1999, documentando a região conhecida como *Acidalia Planitia*. A fotografia, imagem *M04-00291*, possui em seu centro as coordenadas 27.08°W / 39.12°N, e foi divulgada também mediante um *release* no dia 22 de maio de 2000, como vários que já comentamos neste capítulo.

Chama atenção a semelhança existente entre essas estruturas, que possuem vários quilômetros de extensão e centenas de metros de largura, com a forma daqueles dutos de plástico produzidos para envolverem e isolarem as nossas redes elétricas (*conduites*). Essa imagem é uma das poucas, entre as duzentas e doze mil existentes na galeria de fotos da MGS disponibilizadas pelo *Malin Space Science Systems*, que dispensa o processo de ampliação para termos acesso aos objetos de nosso interesse.

Um dos dutos, ou tubos gigantescos descobertos na região de *Acidalia Planitia*. Parte dessas estruturas parece ter sido construída acima do nível do solo, mas a maior parte poderá estar abaixo da superfície do planeta (NASA / JPL / MSSS).
http://www.msss.com/moc_gallery/ab1_m04/jpegmaps/M0300102.jpg

Mas essas estruturas acabaram sendo localizadas posteriormente não só em outras imagens, como em outro ponto do planeta. O release emitido pelo MSSS no dia 16 de outubro de 2000, que apresenta a foto *M11-04220*, revela a existência das mesmas estruturas também na região de *Ares Vallis*, na região equatorial que, como revelamos, já havia apresentado outras descobertas realizadas pelo *Pathfinder* e seu *rover*.

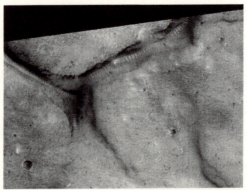

Convergência, ou encontro de dutos em *Acidalia Planitia* documentada pela imagem *M04-00291* (NASA / JPL / MSSS).
http://www.msss.com/moc_gallery/ab1_m04/jpeg-maps/M0400291.jpg

No dia 30 de setembro de 2003 a agência espacial, mediante mais uma vez o site do **Malin Space Science Systems**, divulgou outra imagem relacionada a esse tipo de descoberta. A foto *E21-01421*, obtida quando a espaçonave estava mais uma vez sobre a área de **Acidalia Planitia**, no dia 27 de outubro de 2002, a uma altitude de aproximadamente 411 km, revela quase exatamente a mesma área documentada pela primeira vez em 1999, com uma pequena diferença de ângulo. O destaque, tanto nessa nova imagem como na obtida em 1999, são várias estruturas que convergem para um ponto específico, onde uma delas acaba aparentemente por penetrar no subsolo da região. Uma dessas faz a mesma coisa em outro ponto do solo, onde, inclusive, alguns investigadores alegam ter detectado uma outra escultura representando mais uma face, dessa vez de dimensões mais modestas. A imagem, que pode ser vista realmente em ambas as fotografias, é bem sugestiva, mas o ângulo para sua apreciação não é dos mais favoráveis. Existe também um ponto em um dos tubos que parece ter cedido, formando uma espécie de bacia que parece refletir a luz solar de uma maneira mais intensa. Esse detalhe também é visível tanto na fotografia obtida em 1999, como na conseguida em 2002.

Os misteriosos tubos foram fotografados também em outros pontos do Planeta Vermelho. Na imagem, foto *M1104220*, podem ser vistos vários desses na área de *Ares Vallis* (NASA / JPL / MSSS).
http://www.msss.com/moc_gallery/m07_m12/images/M11/M1104220.html

Não é preciso dizer que para alguns envolvidos com o processo de acobertamento, ou simplesmente tocados por um ceticismo, que carece do mínimo bom senso frente à documentação existente já liberada, as descobertas em *Acidalia* e *Ares Vallis* não passam também, na melhor das hipóteses, de uma má interpretação da realidade. Para essas pessoas as estruturas localizadas nessas duas regiões não passariam de um efeito gerado pelos ventos marcianos no material mais leve presente no solo de Marte. Falando claramente: estaríamos diante de dunas de aspecto especial e, portanto, de forma alguma teriam existência em termos do subsolo do planeta, como eu e outros pesquisadores defendem. Se pegarmos como base e exemplo as fotografias tomadas respectivamente nos dias 11 de agosto

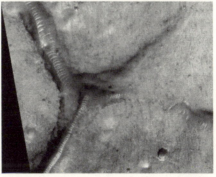

Imagem *E2101421*, segunda fotografia obtida pela espaçonave *Mars Global Surveyor* documentando o encontro de várias dos tubos localizados na área de *Acidalia Planitia* (NASA / JPL / MSSS).
http://www.msss.com/moc_gallery/e19_r02/full_jpg_map/E21/E2101421.jpg

Marte – A Verdade Encoberta

de 1999, e 27 de outubro de 2002, que documentam aquelas estruturas que convergem para um mesmo ponto da planície de *Acidalia*, o que podemos observar, mesmo com mais de três anos de distância em termos temporais entre elas? Por acaso existe algum sinal de que houve alteração na forma das estruturas?

Três anos depois elas estão exatamente iguais, apresentando os mesmos padrões que chamaram a atenção para o aspecto da natureza artificial de cada uma delas. As únicas modificações que podem ser observadas por meio de uma comparação detalhada entre as duas imagens são justamente aqueles sinais de pequenas alterações no posicionamento da areia do solo marciano, cujas causas já estabelecemos, mas nada relacionado à forma e natureza do complexo de estruturas.

A busca quase doentia por explicações para negar a natureza artificial de várias dessas estruturas, e os sinais da presença alienígena no passado, levou alguns "doutos" de nossa ciência a defenderem que a explicação para as imagens de *Acidalia* e *Ares Vallis* havia sido encontrada aqui mesmo na Terra, em uma singular formação supostamente semelhante descoberta no polo sul. Os defensores dessa nova abordagem só se esqueceram de levar em consideração um detalhe, que para eles parece curiosamente não ter a menor importância, mas que evidentemente é fundamental para qualquer análise: *Ares Vallis* e *Acidalia* são regiões desérticas, não possuem uma cobertura de gelo. Estão a milhares de quilômetros de distância dos glaciares existentes nos polos do planeta.

Voltando a falar do que é sério e merece ser avaliado de maneira criteriosa, independentemente da visão geral de vários investigadores, que defendem a ideia de estarmos diante de um complexo de estruturas também subterrâneas: procurei desde o início investigar a validade dessa possibilidade analisando realmente cada detalhe presente nas imagens. A foto mais expressiva, e ao mesmo tempo, que fornece provavelmente mais subsídios para a solidificação de uma opinião, é a imagem *M03-00102*, obtida pela espaçonave no dia 1° de agosto de 1999. que documenta uma outro área de *Acidalia*, cujas coordenadas centrais são 29.65°W e 39.20°N. A definição da fotografia é excelente. Cada *pixel* representa pouco mais de 3 metros, o que favoreceu uma observação minuciosa de tudo que pode ser visto no solo da região. Além disso, transportei a imagem para meu computador de maior capacidade em termos de recursos, onde utilizei varias das ferramentas disponíveis relacionadas ao processamento digital de imagens na busca dos sinais da presença do complexo de estruturas abaixo do nível da superfície. Os resultados foram mais do que animadores.

Acredito ter conseguido seguir um dos dutos, determinar e acompanhar seu traçado, inclusive quando estava dimensionado abaixo do nível do solo, por cerca de mais de 17 Km. Em três pontos na fotografia ele é perfeitamente visível, sendo que em dois desses parece que foi construído mesmo acima do solo, enquanto no terceiro, o atual estado de visibilidade foi aparentemente causado por um desnudamento de sua estrutura por processo erosivo. Nessa parte, apesar de poder ser observado com facilidade, está visivelmente abaixo do nível do solo existente em suas proximidades.

Mas existe mais coisa a ser comentada na região de *Acidalia Planitia*, que tem chamado a atenção dos pesquisadores independentes. Várias das crateras visíveis apresentam uma configuração totalmente anômala, além de parecerem associadas ou relacionadas ao complexo de dutos que existe na região. É difícil entender como os impactos meteóricos, que aparentemente foram os responsáveis pelo surgimento dessas crateras, possam ter produzido no interior as formas atualmente observadas.

A imagem mais representativa dessa realidade foi liberada pelo JPL mediante um *release* no dia 7 de maio de 2002. O documento é associado à fotografia *E04-00863*, obtida no dia 13 de maio de 2001, quando a MGS sobrevoava uma área um pouco mais ao sul de *Acidalia*, a uma altitude de 409 km. Nessa foto, alem dos sinais de outra grande rede de dutos, podemos observar várias crateras com misteriosas estruturas em seu interior. Não existem processos geológicos que possam explicar o que podemos ver nessa imagem. Em outra fotografia da mesma região, a imagem *M15-01228*, que pode também ser vista no site do MSSS, além de mais um conjunto de dutos, pode ser vista uma cratera que possui no seu interior uma estrutura em forma de abóboda, mais um mistério relacionado às imagens de *Acidalia* obtidas pela *Mars Global Surveyor*.

Mais descobertas

A percepção de que os sites da agência espacial norte-america (NASA) haviam começado a disponibilizar imagens realmente reveladoras sobre os sinais da presença alienígena detectados por nossas missões espaciais, dentro de uma progressiva abertura, que, entretanto, continuava sem correspondência em termos de declarações oficiais, gradativamente foi agregando um número maior de investigadores independentes a este tipo de pesquisa, e alguns desses passaram a se dedicar quase que exclusivamente ao planeta Marte, como o norte-americano J. P. Skipper, que mantém o site *Mars Anomaly Research* (*www. marsanomalyresearch.com*), quase totalmente dedicado às descobertas realizadas no Planeta Vermelho. Skipper tem sido responsável por achados preciosos também no site do *Malin Space Science Systems*, e outras páginas mantidas pela NASA. Foi ele quem detectou primeiro, por exemplo, o que parece ser um grande cabo suspenso aparentemente no ar entre dois pontos do relevo na região da chamada *Cidade Inca,* ao analisar a imagem *M03-06902*, disponibilizada pelo JPL em maio de 2000. Verifiquei também essa fotografia, posteriormente, no site do MSSS, tendo em mente inclusive medir o comprimento desse cabo. Esse objeto, cuja real natureza, objetivo ou finalidade desconheço, parece ter no mínimo cerca de 300 metros de extensão.

Outra descoberta impressionante realizada pelo mesmo investigador foi feita mediante a imagem *M11-000099*, obtida pela MGS no dia 1° de janeiro de 2000, e liberada no dia 16 de outubro do mesmo ano. Skipper identificou um complexo de estruturas operacionais na atualidade ocupando vários quilômetros quadrados na região equatorial do planeta, nas coordenadas 19.73°W / 3.08°N. Uma dessas estruturas, que apresenta claramente a forma de um grande duto, inclusive estaria produzindo um jato de algum tipo de líquido, talvez água, no exato momento em que a foto foi tomada. Para identificar o achado de Skipper não é necessária qualquer ampliação suplementar da fotografia. Basta abrir a imagem no site do MSSS no *link* que apresenta o nível máximo de definição para notar em detalhes a presença do que parece ser realmente um conjunto de dutos, ou canos gigantescos. Independentemente da interpretação do autor da descoberta estar correta quanto à natureza desse complexo de estruturas, é inegável o caráter artificial do conjunto. O que observamos nessa imagem contrasta com outros achados, não apresentando qualquer sinal de desgaste pelo tempo. Tudo indica que estamos de fato diante de estruturas totalmente preservadas. Sinais claros da atividade alienígena na atualidade no solo do planeta.

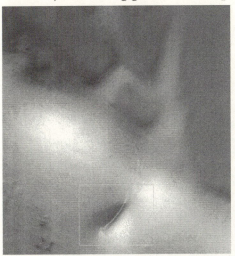

Estrutura em forma de cabo descoberta pelo pesquisador J. P. Skipper na região conhecida como *Cidade Inca*. A análise da imagem realizada pelo autor desse livro determinou que a estrutura possui no mínimo cerca de 300 metros de extensão (NASA / JPL / MSSS).
http://www.msss.com/moc_gallery/ab1_m04/jpegmaps/M0306902.jpg

Terraplenagem no solo marciano

Outra foto de importância dentro do aspecto relacionado às evidências de alguma forma de atividade alienígena no presente, no solo de Marte, é a imagem *AB1-08405*, que documenta outra área da região conhecida como *Condor Chasma*,

Marte – A Verdade Encoberta

mencionada várias vezes neste capítulo. Nessa imagem, obtida no dia 6 de janeiro de 1998, e liberada por meio de um *release* somente mais de dois anos depois, no dia 6 de junho de 2000, localizei o que em minha opinião é um evidente sinal de um processo de terraplenagem no solo do planeta. Anos atrás, durante certo período de minha vida, eu viajava com frequência para o estado de Minas Gerais tendo como objetivo proferir palestras, e com frequência tinha a oportunidade de observar as grandes movimentações de terra realizadas com objetivos mineralógicos. De uma maneira ou outra fiquei com as imagens desse tipo de atividade em minha mente, e quando observei pela primeira vez a foto em questão, foi fácil associar o que estava vendo com minhas lembranças.

Imagem *AB1-08405* documentando uma área específica da região conhecida como *Condor Chasma*. Na parte superior assinalada temos uma área com todos os sinais de ter tido o relevo alterado por um processo de terraplenagem. No canto inferior esquerdo várias estruturas de padrão artificial e geométrico. A fotografia foi obtida a uma distância de 1200 km, quando a *Mars Global Surveyor* ainda não havia descido para uma órbita mais baixa (NASA / JPL / MSSS).
http://www.msss.com/moc_gallery/ab1_m04/jpegmaps/AB108405.jpg

Apesar do fato dessa fotografia ter sido tomada a uma distância bem superior à da maioria das imagens comentadas até agora (1220 km), não foi difícil detectar os sinais de uma grande alteração no relevo por meio de algum tipo de atividade em larga escala. Se esta imagem representasse um panorama do solo de nosso planeta, eu diria que algum efeito mecânico associado a máquinas pesadas teria sido empregado para alterar o relevo da maneira que podemos observar na foto. São visíveis perfeitamente vários níveis distintos no solo, cujos limites estão delimitados por "linhas" ou marcas que correm paralelamente, indicando, que estamos diante de um efeito gerado dentro de um padrão relacionado a alguma forma de inteligência superior.

São visíveis ainda, em vários pontos do solo documentado por esta imagem, sinais de erosão por meio de água, mas isto não é tudo. Na parte inferior desse documento fotográfico, podemos observar um conjunto de estruturas de base geométrica sobrepostas, e em suas proximidades, um objeto que parece se pronunciar no ar a partir de uma área mais elevada do relevo da região. A impressão que tenho é que podemos estar diante de alguma forma de duto sem a sua parte superior, do qual se precipita alguma forma de líquido. Em minha opinião, provavelmente água. São visíveis inclusive, no solo mais abaixo, os sinais de sua passagem.

O monolito de Phobos

Nove anos depois do desaparecimento da espaçonave *Phobos 2* nas proximidades da lua marciana de mesmo nome, em meio ao seu encontro com um UFO gigantesco, a *Mars Global Surveyor* obteve uma imagem impressionante do maior dos satélites do Planeta Vermelho. Esta foto, registrada nos arquivos do MSSS como *SP2-55103*, e liberada mediante um *release* no dia 6 de junho de 2000, quando analisada cuidadosamente por vários investigadores, revelou a presença de inúmeras anomalias. Existem várias estruturas apresentando um albedo anormal, totalmente diferente do padrão do solo do satélite, e o mais impressionante é que várias desses objetos apresentam configurações, ou formas inusitadas, lembrando nossos obeliscos, monólitos etc.

Phobos, como *Deimos*, a outra lua de Marte, foram des-

Marte – A Verdade Encoberta

cobertos em agosto de 1877, pelo astrônomo norte-americano Asaph Hall. No passado alguns chegaram a suspeitar que não seriam corpos naturais, ideia que nunca partilhei. Tanto ele, como seu companheiro menor, segundo a opinião vigente, e pelo que podemos ver nas atuais imagens, são provavelmente asteróides capturados pela gravidade do planeta.

Apesar de seu pequeno tamanho, o maior dos satélites de Marte, que em forma lembra uma grande batata, medindo aproximadamente 27 x 22 x 18 km, de maneira surpreendente parece concentrar uma quantidade expressiva de detalhes inusitados em sua superfície. Mesmo nomes como o astronauta norte-americano Edwin E. Aldrin, o segundo homem a colocar os pés na Lua, durante a missão da *Apollo 11*, que no passado estava longe de apoiar a ideia da existência de sinais da atividade extraterrestre nas imagens produzidas por nosso programa espacial, tem afirmado mais recentemente em várias oportunidades, em seus contatos com a mídia, que em *Phobos* "Há um monólito. Uma estrutura muito incomum", que deve ser investigada. Buzz Aldrin, que passou a defender a ida de uma missão tripulada a Marte, em uma nítida modificação de postura frente ao assunto, tem feito também, mais recentemente, declarações contundentes sobre um UFO observado tanto por ele como por seus dois companheiros de missão, os astronautas Neil Armstrong e Michael Collins, quando ainda a espaçonave estava a caminho da Lua. Mas para que se tenha uma ideia real da situação que estamos vivenciando com a progressiva liberação de fotos não só novas, mas também do passado, relacionadas ao nosso programa espacial, e a mudança de postura de nomes consagrados de nossas atividades no espaço, quando o referido astronauta passou a fazer declarações referentes ao monólito em *Phobos*, investigadores como o português José Garrido, um dos principais nomes da ufologia européia na atualidade, já haviam identificado na imagem que mencionamos várias outras estruturas misteriosas em *Phobos*, como também outra anomalia do mesmo tipo em *Deimos*, mediante outra fotografia da MGS.

Falando claramente: há um processo de gradativa revelação da verdade, mas essa divulgação "oficial" está longe ainda, como já revelei, de acompanhar e englobar o verdadeiro nível da realidade que pesquisadores como Garrido, eu mesmo e outros colegas estamos acessando por meio de nossas investigações nas imagens espaciais. O investigador Efrain Palermo, por exemplo, conseguiu identificar outro objeto incomum, mas de menor dimensão, razoavelmente próximo do monólito mencionado por Buzz Aldrin. Não é possível saber do que se trata na realidade, qual seria sua constituição, mas a natureza artificial é clara. Tal estrutura no solo do satélite passou a ser conhecida como o *diamante*, devido a sua forma. Essa estrutura apresenta justamente a forma de uma pedra lapidada. Os cortes são perfeitos e os lados apresentam uma interação com ângulos, que preservam a simetria geral do objeto.

O próprio Garrido (*http://anomaliasemmarte.no.sapo.pt*) acredita ter descoberto, também na foto *SP2-55103*, a presença de um objeto no solo da lua marciana, que se parece muito com a espaçonave *Phobos 2*. Examinei a imagem também de maneira detalhada, e a forma é realmente muito semelhante. Se ele estiver certo em sua interpretação da foto, teremos que analisar dentro de uma nova perspectiva o suposto fim da missão da espaçonave soviética. Teria ocorrido algum tipo de interferência direta na missão por parte das possíveis inteligências envolvidas com o

O objeto conhecido como *Monolito de Phobos*, e sua sombra no solo da lua marciana, fotografado pela *Mars Global Surveyor*. A imagem (*SP2-55103*) foi liberada pela NASA no dia 6 de junho de 2000, e desde então a polêmica se estabeleceu. O astronauta Edwin E. Aldrin, o segundo homem a pisar o solo de nosso satélite natura durante a missão da *Apollo 11*, é um dos defensores de uma interpretação artificial para essa estrutura. Como pode ser observado na fotografia, o objeto reflete a luz solar intensamente de maneira incomum (NASA / JPL / MSSS).
http://www.msss.com/moc_gallery/ab1_m04/nonmaps/SP255103.gif

Marte – A Verdade Encoberta 101

UFO? De uma maneira ou outra, a questão das luas marcianas merece com certeza um aprofundamento maior de nossas missões espaciais. O que eu encontrei, como outros investigadores, na referida imagem, não pode ser ignorado.

Dunas misteriosas, muralhas e outras estruturas

Outro aspecto que chama a atenção nas imagens da *Mars Global Surveyor* são algumas formações ou estruturas misteriosas, relacionadas às dunas do planeta, que aparecem em várias das fotos disponibilizadas mediante o site do MSSS, e no *Photojournal*, de que a agência espacial, para variar, também atribui a origem ao vento marciano, e emanações de gás carbônico.

Em várias imagens do projeto *Viking* já haviam sido detectados grupos de estruturas cuja forma, de cada um dos membros, de maneira surpreendente, era exatamente a mesma. Alguns desses conjuntos apresentavam dezenas de unidades. Se estivéssemos diante de algum tipo de manifestação da geologia marciana, como entender que uma determinada forma, incluindo até, como em um dos casos, estruturas de base triangular, pudesse ter sofrido um processo de reprodução, como se produzidas em série a partir de um mesmo molde? A baixa definição das imagens da época, levando-se em conta o tamanho mais reduzido dessas estruturas, entretanto, não permitia de fato uma constatação da natureza real desses "objetos". Mas com a evolução de nossa capacidade observacional mediante a câmera de alta resolução da MGS, conseguimos finalmente observar de maneira mais detalhada as regiões onde este tipo de anomalia havia sido detectada, mas essas imagens mais recentes não acabaram com a polêmica em relação a tais estruturas.

Existem várias fotos no site do MSSS que documentam de maneira bem razoável esse tipo de constatação. Para a agência espacial norte-americana estamos diante apenas de dunas de areia que, por circunstâncias especiais, em alguns momentos, tomaram formas mais inusitadas. O que chama atenção, já de início, em algumas dessas fotos disponibilizadas, é claramente o aspecto mais enegrecido dessas estruturas em relação ao solo, onde elas aparecem de maneira mais destacada, devido à diferença de tonalidade. Observando essas imagens, a impressão que qualquer um desenvolve é que de uma maneira totalmente inexplicável, os grãos de areia mais escuros, se forem realmente apenas dunas, por meio de um fenômeno totalmente desconhecido, resolveram se aglutinar em determinados pontos, e mais do que isto, permitindo que esse processo de aglutinação, gerado por uma força ainda misteriosa, produzisse formas com o mesmo tipo de padrão.

Uma das imagens mais impressionantes relacionadas a este tipo de constatação e fenômeno misterioso foi liberada por meio de um *release* no dia 7 de maio de 2002. Essa foto, imagem *E01-01728*, obtida no dia 23 de fevereiro do ano anterior (2001), documenta uma região próxima à calota polar norte do planeta (51.31°W / 71.48°N), fotografada quando a MGS estava a 434 km de altitude, quase exatamente sobre as misteriosas estruturas. Mas o que podemos ver nessa imagem?

Na parte superior e inferior temos duas áreas cobertas por dunas, que apresentam um padrão comparável ao apresentado pelas dunas existentes em nosso próprio planeta. Mas justamente entre essas duas posições são perfeitamente visíveis dois grandes conjuntos de estruturas, claramente individualizadas, que na maior parte apresentam justamente a mesma forma, como se de fato fossem produzidas em série, mediante um modelo único. Não podemos negar que pelo menos aparentemente parecem constituídas do mesmo tipo de material presente nos dois campos de dunas localizados acima e abaixo, mas a forma de cada uma dessas formações realmente causa perplexidade. Apresentam uma configuração quase oval, com uma espécie de reentrância, sempre na mesma posição e lado de cada um dos objetos. Já trabalhamos muito em cima dessa imagem na busca de cada detalhe. Modificamos as condições de iluminação, melhoramos o foco, e realmente é difícil de acreditar que estamos diante apenas e simplesmente de mais um dos milagres produzidos pelos ventos ou tempestades de areia presentes no Planeta Vermelho, como continua a sugerir a NASA.

Marte – A Verdade Encoberta

103

Se tudo que estamos vendo é apenas areia, temos que buscar, para começar, algum tipo de mecanismo ou efeito que possa ser, na verdade, o responsável pela aglutinação e manutenção da areia nos pontos específicos em que essas formações foram fotografadas.

Mas existem coisas ainda mais misteriosas relacionadas aos campos de dunas em Marte. Fiz estas descobertas mais recentemente, quando já estava trabalhando na finalização deste livro. A primeira delas está relacionada a um campo de dunas na área da cratera **Richardson**, no chamado *Mare Chromium*, situado nas coordenadas 72.4°S, 179.7°W. A foto, imagem *PIA03261*, foi obtida pela MGS no dia 25 de dezembro de 2005. Quando encontrei a foto durante minhas buscas no *Photojournal*, percebi prontamente sua importância. O que podemos ver nessa fotografia é algo bem diferente do que poderíamos esperar de um campo de dunas, seja em Marte, ou em qualquer outro lugar. As estruturas visíveis lembram muito um conjunto de muralhas. São perfeitamente detectáveis os vários "andares", ou níveis. A real natureza ou objetivo dessas estruturas permanece desconhecido para este autor, mas o caráter artificial é evidente.

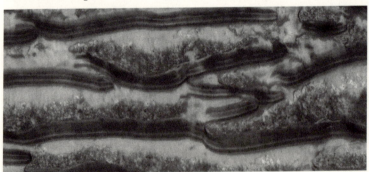

Imagem *PIA03261* apresentada no site *Photojournal* revelando o que a agência espacial apresenta como um campo de dunas na área da cratera Richardson, no chamado *Mare Chromium*. A fotografia cobre uma área de 3 km em seu eixo maior, e apresenta a ideia de um conjunto de muralhas (possibilidade). São perfeitamente visíveis além de um padrão comum em todas as estruturas, os vários níveis em cada uma das formas (NASA / JPL / MSSS).
http://photojournal.jpl.nasa.gov/jpeg/PIA03261.jpg

Eu já havia notado coisas semelhantes em outras fotografias liberadas, mas nada no nível que podemos observar nessa imagem. Algumas dessas estruturas passam de 3 km de extensão, continuando além do limite em ambos os lados da imagem. Algo realmente impressionante. Algumas estão dimensionadas em três níveis, demarcados por linhas perfeitas, que parecem separar os "andares". Esta fotografia é um bom exemplo do nível de abstração da realidade a que a NASA tem chegado em termos de suas considerações oficiais em relação às fotografias que ela própria hoje libera.

Outra foto descoberta recentemente durante minhas investigações no *Photojournal* é a imagem *PIA08615*, conseguida pela MGS já pouco tempo antes do encerramento de sua missão, divulgada inicialmente por meio de um *release* do *Malin Space Science Systems*, no dia 19 de julho de 2006, documentando o que dessa vez, sem dúvida, é realmente uma campo de dunas localizado na região polar norte do planeta, situado nas coordenadas 79.7°N, 148.3°W.

Fotografia liberada originalmente por um release do *Malins Space Science Systems* no dia 19 de julho de 2006. Nela podemos ver segundo os cientistas do Laboratório de Propulsão a Jato (JPL) sinais de gás carbônico chegando a superfície do planeta em meio a mais um outro campo de dunas. Chama atenção a existência de um padrão em termos de alinhamento que as manchas negras apresentam, como se a maior parte delas estivesse surgindo a partir do que parecem ser sinais de mais um complexo de dutos em meio à areia das dunas (NASA / JPL / MSSS).
http://photojournal.jpl.nasa.gov/jpeg/PIA08615.jpg

Mais uma vez podemos ver na fotografia os sinais, segundo a agência espacial, da presença em alta concentração de gás carbônico, responsável pelas manchas negras que podem ser observadas por todo o quadro dessa imagem. Mas chama atenção a existência de um padrão em termos de alinhamento que essas manchas apresentam, como se a maior parte delas estivesse surgindo a partir do que parecem ser sinais de mais um complexo de dutos em meio à areia das dunas. A fotografia é realmente surpreendente. O *release* original publicado no site MSSS, que serviu de base para o *Photojournal*, de maneira curiosa, da mesma maneira que constatei em relação ao *release* da imagem anterior, não oferece muitos detalhes sobre o que observamos na imagem. Pior do que isso: não apresenta os costumeiros *links* alternativos para observarmos com mais definição a fotografia, o que nesse caso seria mais do que desejável. Esses alinhamentos possuem quilômetros de extensão, e podem representar realmente a existência de alguma rede de dutos em meio às dunas dessa região do planeta, de onde estaria havendo, na verdade, o que poderíamos definir como um escapamento de gás carbônico, ou outro tipo de substância ou material.

O fim da missão

Nove anos após ter entrado na órbita do planeta, e iniciado sua missão, no dia 2 de Novembro de 2006 foi perdido finalmente o contato com a *Mars Global Surveyor*. O legado dessa espaçonave ainda esta longe de ser percebido em sua plenitude. Nunca antes um artefato enviado ao Planeta Vermelho havia gerado tantas modificações em nossas ideias sobre aquele mundo, revelando uma nova realidade sobre o passado e presente marciano. A espaçonave não só havia confirmado muitas das descobertas do projeto *Viking*, referentes à existência de condições mais clementes para a vida, como revelou de maneira definitiva os sinais de uma civilização de âmbito planetário no passado, cujas ruínas podem ser constatadas em inúmeras de suas fotografias, da mesma maneira que os sinais de alguma atividade inteligente no solo do planeta na atualidade, por mais que oficialmente este tipo de realidade não seja assumida pela agência espacial (NASA).

A exploração de Marte pelos rovers 7

No ano de 2004 teve início uma nova fase na exploração do Planeta Vermelho, com o pouso de dois *rovers* da NASA que haviam sido lançados com sucesso em junho de 2003, no solo de Marte. O primeiro deles, o *Spirit*, tocou o solo marciano no dia 4 de janeiro de 2004, e o segundo, o *Opportunity*, poucas semanas depois, em 25 de janeiro. Pela primeira vez a NASA poderia realmente explorar o solo do planeta a partir de uma maneira definitiva e aprofundada. O *rover* da missão *Pathfinder*, o *Sojouner*, apesar de sua importância em termos de desenvolvimento tecnológico, e de ter aberto um novo tipo de possibilidade para a exploração do planeta, além das descobertas realizadas, só possuía, como eu mencionei, autonomia para deslocamentos nas proximidades da própria espaçonave. Pela primeira vez na história os cientistas do JPL explorariam de fato Marte a partir do próprio solo do planeta mediante a mobilidade de dois veículos, que haviam incorporado não só a tecnologia básica do *Sojouner*, mas os avanços e desenvolvimentos na área da robótica e da tecnologia espacial, em vários de seus aspectos, que incluíam três espectrômetros para mensuração inclusive da estrutura química das rochas, uma perfuratriz (ferramenta de abrasão), para limpar, raspar e perfurar as rochas e áreas do solo a serem estudadas, e cinco tipos diferentes de câmeras, sendo uma delas um gerador de imagens microscópicas, para produção de fotos ampliadas de alta resolução.

Entre os objetivos oficiais desses *rovers* figuravam análises de solo e de rochas, na busca de pistas da presença de água no passado, determinação da distribuição e composição de minerais, averiguação dos processos geológicos que moldaram o solo nos locais de pouso, incluindo aqueles que potencialmente poderiam estar relacionados à presença de água em estado líquido, e busca de pistas geológicas que pudessem dar uma visão definitiva das condições ambientais do planeta no passado. Havia ainda o objetivo de verificar se os locais de pouso e áreas que seriam visitadas foram propícias em algum momento do passado para a presença de vida.

A missão dos dois *rovers*, em termos oficiais, mediante a própria capacidade e especificação de seus instrumentos, não teria, segundo o JPL, a prerrogativa de confirmar a existência de vida no passado, ou mesmo no presente, mas poderia fornecer uma visão bem razoável das condições de habitabilidade ao longo da história geológica do planeta. Esse tipo de alegação referente à impossibilidade de detecção de sinais de vida é evidentemente uma falácia. Mas, como veremos, as expectativas da agência espacial foram mais do que suplantadas pelas descobertas realizadas.

O ponto de pouso e investigação do *Spirit* foi a cratera *Gusev*, de cerca de 170 km de diâmetro, situada no hemisfério sul do planeta (14,6°S e 175,3°E), formada

Os rovers gêmeos *Spirit* e *Opportunity* chegaram a Marte em janeiro de 2004. Parte das descobertas ainda não foram oficialmente divulgadas pela agência espacial (NASA / JPL).
http://marsrovers.jpl.nasa.gov/gallery/artwork/ hires/emerging.jpg

provavelmente pelo impacto de um asteróide há cerca de 3 a 4 bilhões de anos, Segundo as informações veiculadas pela agência espacial, seria uma das áreas que, mediante as mensurações feitas a partir das imagens de várias espaçonaves que precederam a missão, teriam sido cobertas em passado remoto pelas águas de um grande lago, que era alimentado por um dos antigos rios do planeta.

A cratera *Gusev*, de 170 km de diâmetro, no hemisfério sul de Marte, foi o ponto escolhido para o pouso e posterior exploração pelo *rover Spirit* (NASA / JPL / Arizona State University).
http://photojournal.jpl.nasa.gov/jpegMod/PIA04260_modest.jpg

Já o *Opportunity* pousou do outro lado do planeta, em uma planície conhecida como *Meridiani Planum*, pouco abaixo do equador marciano (1.95°S 354.47°E). O ponto de pouso foi escolhido pela NASA levando-se em conta também os sinais de água no passado, que haviam sido obtidos principalmente nos primeiros anos da missão da espaçonave *Mars Global Surveyor*.

Apesar de existirem imagens obtidas por ambos os *rovers* em inúmeros sites da agência espacial, incluindo material colorido, o foco principal de minhas investigações foram e continuam sendo os catálogos ou galerias de fotografias que podem ser acessados mediante a página *Mars Exploration Rover*. No momento em que iniciei este capítulo o catálogo de imagens em preto e branco do *Spirit* contava com cerca de 128.224 imagens, e o do *Opportunity*, com 166.421 fotos, distribuídas e disponibilizadas mediante os arquivos específicos de cada uma das câmeras. Essas duas páginas, ou catálogos, permitem na maioria dos casos uma visão detalhada de cada uma das milhares e milhares de imagens, mediante várias prerrogativas de definição.

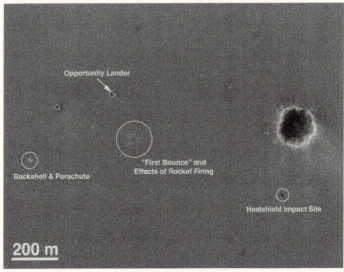

Imagem da região de *Meridiani Planum* após o pouso do *rover Opportunity* tomada pela espaçonave *Mars Global Surveyor*. Na fotografia, conforme identificação da agência espacial, podem ser observados o lander do rover, o paraquedas, entre outros detalhes (NASA / JPL / MSSS).
http://marsrovers.jpl.nasa.gov/gallery/press/opportunity/20040302a/22--jc-01-location-B037R1_br2.jpg

Primeiras fotografias

Como no caso da *Pathfinder*, já no local de pouso o *Spirit* começou a revelar coisas interessantes. No primeiro dia de missão foram tomadas 74 imagens, sendo que em três delas, todas relacionadas à câmera panorâmica, temos a oportunidade de observar uma misteriosa rocha com o mesmo sinal de corte anômala em um de seus lados, que apresenta o mesmo tipo de padrão que observamos antes em várias das fotografias da missão do primeiro *rover* da NASA na região de *Ares Vallis*. Chama atenção nessa rocha não só o corte em um de seus lados, mas ainda o fato de podermos observar um recorte nitidamente retangular em sua parte central, que evidencia, pelo sombreamento, que estamos diante de um aprofundamento de base geométrica na estrutura da rocha. Essa outra anomalia reforça a ideia de que estamos de fato diante de um fragmento rochoso que passou por algum processo de intervenção alheia aos efeitos erosivos do planeta.

Ao examinar pessoalmente a sequência de 102 fotos obtidas pela câmera panorâmica no segundo dia da missão, continuei a encontrar outros vestígios compatíveis com sinais de artificialidade no material rochoso na área de pouso, e vestígios da presença do que eu definiria como fósseis, associados a algumas rochas. Em uma dessas imagens eu localizei o que parece ser algo equivalente aos nossos trilobitas, artrópodes de vida marinha que surgiram na Terra há mais de 500 milhões de anos no período Cambriano, e se extinguiram bem depois, em torno de 250 milhoes de anos atrás. Este aspecto das evidências de antigas formas de vida no planeta já havia merecido da minha parte comentários quando abordei as fotos obtidas pela missão *Pathfinder*, mas sinceramente, este tipo de interpretação, defendida e apoiada por outros investigadores, carecia de algo mais definitivo, mais contundente em termos do material fotográfico. Essa necessidade foi plenamente preenchida por meio das imagens tomadas no décimo sexto dia da missão, quando foram conseguidas só pela câmera panorâmica do *Spirit 98* fotografias. Encontrei em várias dessas fotografias, entre outros detalhes, sinais do que parecem ser fragmentos ósseos de antigos animais, que teriam habitado a região em passado remoto, mas em duas delas podemos ver algo realmente surpreendente: dois crânios perfeitamente preservados, depositados no solo marciano.

Esses dois fósseis foram identificados primeiro pelo investigador J. P. Skipper, que não só teve a atenção despertada para os crânios quando examinava a sequência de fotos tomadas no referido dia, mas ainda desenvolveu um estudo que confirmou algo inesperado: os exemplares achados na cratera *Gusev* são muito semelhantes a outros achados em nosso próprio planeta, relacionados a espécies de animais que se extinguiram há milhões de anos atrás.

Um deles é bastante semelhante aos crânios do *Bagaceratops*, um tipo de réptil, um pequeno dinossauro herbívoro, que viveu na região da Mongólia no período Cretáceo por volta de 80 milhões de anos atrás. Já o outro exemplar possui características que encontramos em vários fósseis de pássaros pré-históricos, como o *Archaeopteryx*, que viveu há cerca de 150 milhões de anos na região que hoje é a Alemanha. Para alguns paleontólogos, ele seria o primeiro pássaro primitivo a surgir em nosso planeta.

Os dois crânios fósseis achados na cratera *Gusev* não só são importantes como evidências diretas da presença de vida animal no planeta Marte em passado remoto, mas abrem uma discussão da maior importância, cujos significados podem ser transcendentes. Afinal, como explicar que exemplares fósseis da vida marciana possam ser tão semelhantes em forma e estrutura aos fósseis da vida de nosso próprio mundo?

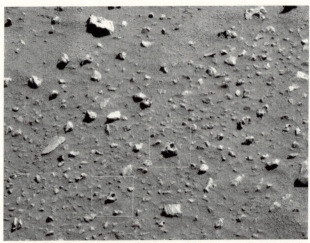

Uma das imagens obtidas pelo *Spirit* no décimo sexto dia da missão com sua câmera panorâmica (*Sol 16*). Na foto podem ser observados o que parecem ser dois crânios fósseis de animais, que teriam vivido no planeta em passado remoto (NASA / JPL / Cornell)
http://marsrovers.jpl.nasa.gov/gallery/all/2//016/2P127793693EF F0327P2371R1M1.JPG

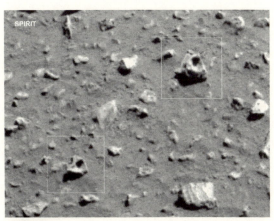

Ampliação dos possíveis crânios de animais fotografados pelo *Spirit* (*Sol 16*). De maneira surpreendente são muito semelhantes aos de animais que viveram na Terra também em passado remoto, milhões de anos atrás (NASA / JPL / Cornell).
http://marsrovers.jpl.nasa.gov/gallery/all/2/ p/016/2P127793693EFF0327P2371R1M1.JPG

Mas as fotos da câmera panorâmica desse dia memorável revelaram outra coisa que não poderia deixar de mencionar, e que mereceu uma atenção especial da minha parte, dentro de meus estudos das imagens postadas pela agência espacial, provocando o questionamento: até que ponto todas as imagens que estavam sendo obtidas pelo *Spirit*, e que dias depois passariam também a ser tomadas pelo *Opportunity*, seriam realmente divulgadas? A sequência de imagens *Sol 16* da câmera panorâmica do *rover* apresenta, conforme pode ser facilmente verificado, mediante a abertura da página de fotos do referido dia (*http://marsrovers.jpl.nasa.gov/gallery/all/spirit_p016.html*), quatro fotografias de uma mesma área do solo da região, que tiveram parte da área fotografada encoberta por "tarjas negras". Essa cobertura de parte das imagens em três das fotos possui a forma de um quadrado negro, e na quarta o formato da área encoberta possui a forma de um retângulo. Uma observação superficial desse tipo de artifício poderia levar à suposição de que uma ou mais "anomalias" foram encontradas, fotografadas, e posteriormente ocultadas antes da publicação das imagens.

Mas depois de examinar a sequência de imagens de maneira mais cuidadosa e aprofundada, verificando cada detalhe, cheguei à conclusão de que, se existe alguma "coisa" por baixo das formas negras inseridas nos quadros das referidas imagens, esta "coisa" estava em movimento, se deslocando em uma área muito próxima da região onde foram detectados os dois crânios. As quatro fotografias revelam, como afirmei, a mesma área, mas com uma ligeira variação no enquadramento, mas os pontos supostamente ocultadas dentro do quadro geral não são os mesmos, como se alguma "coisa" realmente em movimento, que se deslocava pela região, conforme as fotos estavam sendo tomadas, tivesse sido posteriormente ocultada em cada um dos quatro exemplares fotográficos, em pontos distintos.

A ideia levantada por alguns de que os quadrados e o retângulo foram inseridos para encobrir uma parte defeituosa das imagens não faz o menor sentido. Dentro dos arquivos de fotos, tanto do *Spirit*, como do *Opportunity*, existem várias imagens com problemas, pelo menos em partes dos seus quadros, e que não sofreram este tipo de "correção". O JPL chegou a postar algumas fotografias em que podemos observar até a presença de alguns "objetos" criados por circunstâncias especiais, relacionados a interferências sofridas no momento da obtenção dessas fotografias, e mesmo assim, esses documentos fotográficos foram postados sem qualquer forma de "correção". Como vere-

Fotografia obtida pelo *Spirit* também com sua câmera panorâmica no mesmo dia e região onde foram fotografados possíveis fósseis (crânios) de antigos animais do planeta. Trata-se de uma das imagens que tiveram parte dos quadros aparentemente censurados. O que haveria por baixo do retângulo negro? (NASA / JPL / Cornell). http://marsrovers.jpl.nasa.gov/gallery/all/2/p/016/2P127792896EFF0327P2371L7M1.JPG

mos mais a frente, esse "efeito corretivo" descoberto por mim pela primeira vez em algumas das imagens da série *Sol 16* da câmera panorâmica do *Spirit*, voltou a ser utilizado em fotografias obtidas em outros dias, geralmente em circunstâncias especiais, onde alguma "coisa" estava provavelmente próxima dos *rovers*, ou havia sido fotografada na região que estava sendo estudada. No caso do *Opportunity*, por exemplo, os quadrados e retângulos negros já estão presentes em algumas das imagens da primeira série de fotos da câmera panorâmica (*Sol 001*).

Mais fósseis

Voltando a falar de fósseis, outra imagem significativa foi encontrada pelo pesquisador português José Garrido na série *Sol 68* da câmera panorâmica do *Spirit*, e que aparece em mais detalhes em cor falsa no catálogo de imagens do *Photojournal*, também de responsabilidade do JPL, com o número *PIA 05731*. O objeto de nosso interesse é uma das rochas, que sofreu raspagem pela "ferramenta de abrasão" do *rover*.

Na foto podemos ver, na parte mais central da referida estrutura rochosa, um aprofundamento circular gerado pelo disco giratória da perfuratriz, mas a área mais reveladora dessa imagem não está no centro da pedra, e sim em sua extremidade inferior. Podemos ver em duas posições um claro sinal de ruptura da estrutura rochosa, como se ela, após sua formação, tivesse por efeito mecânico (choque com outra pedra), ou efeito erosivo, perdido, nessas duas posições, sua camada mais externa. Não é difícil perceber, principalmente na parte maior que foi desnudada, um arranjo de formas, uma textura, que dificilmente poderia ter sido produzido por processo geológico.

Alguns sinais que percebi ao analisar a imagem original no site *Photojournal* parecem realmente indicar, como sugerido por Garrido, que estamos diante de algo cuja origem é biológica. Após esta avaliação, tendo em mente a utilização da ferramenta de abrasão do *rover* na mesma rocha, meu passo seguinte foi verificar a série de fotos obtidas pela câmera microscópica

Uma das imagens obtidas pela câmera microscópica do *rover Opportunity* no décimo quinto dia da missão (*Sol 15*). A fotografia apresenta vários sinais da presença de material fossilizado, incluindo dos chamados crinoides, animais marinhos do nosso próprio planeta. A imagem cobre uma área quadrada cujos lados possuem 2.2 centímetros (NASA / JPL / US Geological Survey).
http://marsrovers.jpl.nasa.gov/gallery/press/ opportunity/20040302a/10-ss-10-roberfE-B038R1.jpg

no mesmo dia, já que um dos objetivos da utilização da perfuratriz era permitir fotos ampliadas, justamente de pedras, rochas, que tivessem sofrido limpeza, raspagem, ou exposição do seu interior. Para minha surpresa, nenhuma das 5 imagens postadas apresentava sinais de documentar a área da rocha que havia sido desgastada pela ferramenta do *rover*, e muito menos estavam relacionadas aos dois pontos onde uma textura de base aparentemente biológica havia sido desnudada por um efeito mecânico, ou erosivo em algum processo natural. Qual teria sido o motivo para utilizar a perfuratriz na referida rocha? Teria tido algo a ver com os sinais da presença do material fossilizado, ou estamos diante apenas de uma coincidência? De qualquer forma, se foram tomadas fotografias microscópicas das áreas mais reveladoras da referida rocha, elas não estão postadas.

Solo arado para plantio?

Mas ao procurar pela imagem original que deu origem à postagem no *Photojournal*, na série *Sol 68* do catálogo do *Spirit*, que possui 258 fotografias, todas documentando a região da cratera *Bonneville*, acabei encontrando mais sinais de artificialidade. Descobri seis imagens que documentam uma mesma área da região, onde o que pode ser observado é exatamente igual a um solo arado, preparado para plantio. Eu já havia notado sinais desse tipo em outras fotos, mas nunca com esta extensão. As imagens são realmente impressionantes, e foram obtidas com diferentes filtros. Mas uma observação mais detalhada do conjunto de imagens do referido dia revelou, para este investigador, que a região documentada por estas imagens merecia uma atenção ainda maior. Notei, inclusive, em uma das fotos, outra rocha que parece ter tido também sua estrutura fraturada, revelando parte da textura interna, e uma inusitada configuração. Em minha opinião, nesse caso, podemos estar frente a frente com um fóssil de alguma forma de vida vegetal. Próximo dessa minha descoberta, e no enquadramento da mesma fotografia, pode ser visto o que J. P. Skipper denominou de "caixa preta"; na minha visão pessoal, uma espécie de monólito negro, de formato retangular, que se destaca, apesar de sua pouca dimensão, não só devido ao seu padrão geométrico, como por sua tonalidade escura.

Acabei encontrando posteriormente no *Photojournal* um mosaico colorido das fotos obtidas pelo *Spirit*, formado por todas as imagens da série *Sol 68* da câmera panorâmica. O conjunto, identificado como *PIA05968*, permitiu a este autor, devido ao nível de definição ser bem maior, observar mais detalhadamente o que já tinha notado antes, como identificar outros sinais de artificialidade em meio à estrutura geológica da área. Toda a região coberta por este mosaico apresenta na verdade inúmeras rochas claramente tocadas

Nessa imagem do *rover Spirit* tomada com a câmera panorâmica (*Sol 69*) podemos ver uma misteriosa rocha apresentando um grau de "polimento" claramente de natureza artificial (NASA / JPL / Cornell).
http://marsrovers.jpl.nasa.gov/gallery/all/2/p/069/2P132499734EFF1800P2288L6M1.JPG

Marte – A Verdade Encoberta   117

pela "inteligência", ou fragmentos de antigas estruturas. Um dos destaques é um objeto com a forma de um ferro de passar roupa, cuja ponta esta voltada para cima. O que chama a atenção nessa rocha é o nível de polimento da estrutura. Ela própria parece estar associada e apoiada em outro exemplar de aparência invulgar, que pode ser observado à sua esquerda.

Mas as descobertas que fiz nessa região da cratera *Bonneville* vão além, e mais uma vez nos remetem à questão da vida no passado. Encontrei, ao examinar ainda o mesmo mosaico de fotos, um exemplar rochoso com uma cobertura totalmente diferenciada do padrão da própria estrutura. A aparência dessa camada que recobre a pedra é semelhante em todos os seus aspectos aos de uma colônia de corais.

O desenvolvimento da exploração do solo do planeta iria colocar os técnicos e cientistas do JPL frente a situações inesperadas, que de uma forma ou outra, com a vigência de um acobertamento ainda total relacionado aos pronunciamentos oficiais, começaram a ser vislumbradas mediante minhas investigações e de outros pesquisadores do exterior, por meio de um exame cada vez mais apurado das imagens liberadas. Mas as surpresas não estavam apenas no solo do planeta.

Uma das imagens obtidas pela câmera panorâmica do *Spirit* documentando a presença de sinais compatíveis com a presença de solo arado para plantio (*Sol 68*).
http://marsrovers.jpl.nasa.gov/gallery/all/2/ p/068/2P132403500EFF1800P2286L2M1.JPG

Meteoro, espaçonave ou UFO?

No dia 11 de março de 2004, o JPL, dando seguimento à postagem de *releases* na página específica do *Spirit*, divulgou e comentou imagens que se referiam a "objetos" fotografados pelas câmeras do *rover* no céu. Foram apresentadas fotografias de estrelas da constelação do Órion, do nosso próprio planeta (Terra), e a imagem de um objeto luminoso que, segundo a agência espacial, havia sido fotografado tanto pelo sistema de imagens panorâmicas como pelo de navegação.

Para variar, a mídia em geral, ao dar divulgação ao fato, iniciando a polêmica sobre a real natureza do objeto, não fez menção que a forma alongada, semelhante a um fuso, que ocupava cerca de 4 graus de arco na esfera celeste marciana, lembrando bastante a forma do UFO cilíndrico documentado em 1989 pela espaçonave *Phobos 2*, não era nesse caso a forma do objeto, e sim o registro de sua trajetória no céu do planeta no espaço (tempo) de 15 segundos. Pelo menos é esta a versão oficial conforme podemos ler no *release*, e que foi ignorada pela divulgação jornalística do caso.

O comunicado demonstra claramente que os cientistas do JPL, na verdade, não sabiam do que se tratava. O objeto fotografado poderia ser, segundo o texto oficial da agência espacial, um meteoro, ou uma das sete espaçonaves que na época estavam na órbita de Marte, mas logo em seguida ele descarta a possibilidade do "rastro luminoso" ter sido gerado pela passagem da *Mariner 9*, pelo módulo orbital da *Viking 1*, ou pelas espaçonaves russas *Mars 2*, *Mars 3*, *Mars 5*, ou a desaparecida *Phobos 2*, que acabamos de citar, devido à orientação orbital de cada uma delas. A única das naves terrestres consideradas inicialmente como uma possibilidade, que possuía uma órbita polar, compatível com o sentido da passagem do objeto luminoso (norte-sul), seria o módulo da *Viking 2*, *A Mars Global Surveyor*, a última das espaçonaves que havia chegado ao planeta, tinha sua posição conhecida (única delas), e estava com certeza fora do raio de ação das câmeras do *Spirit*.

Marte – A Verdade Encoberta

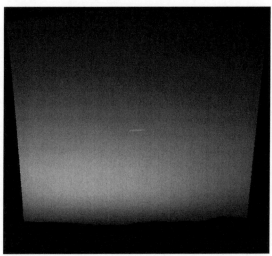

Trajetória de um UFO registrada ao longo de 15 segundos pelo *Spirit* (*Sol 63*). O objeto, segundo a agência espacial, foi fotografado tanto pela câmera panorâmica, como pela de navegação (NASA / JPL / Cornell).
http://marsrovers.jpl.nasa.gov/gallery/press/ spirit/20040311a/Earth_Sol63A_UFO-A067R1.jpg

Segundo ainda o *release*, a presença do objeto foi notada inicialmente mediante o exame de uma das fotos obtidas pela câmera panorâmica com o filtro verde da série *Sol 63*. A imagem do céu do planeta e do objeto foi obtida às 4 horas, 48 minutos e 50 segundos da madrugada (hora solar marciana). O cientista Mark Lemmon, do "time" do JPL responsável pelo *rover*, e da Universidade do Texas (*Texas A&M University*), defendeu a possibilidade de se tratar do primeiro meteoro fotografado em outro planeta, mas enfatizou: "Pode ser que nunca saibamos, mas ainda estamos procurando pistas".

Analisei detalhadamente a imagem, o rastro deixado na fotografia justamente buscando por essas "pistas". Utilizei para esta finalidade tanto a foto postada na página da câmera panorâmica do dia 63, como a imagem do objeto, que foi publicada no já referido *release*, usando minha experiência inclusive na chamada Serra da Beleza, área de grande incidência ufológica, situada entre os distritos de Conservatória e Santa Isabel do

Rio Preto, no município de Valença (RJ), onde investiguei por décadas as aparições dos discos voadores, tendo a oportunidade de obter inúmeras fotografias documentando as trajetórias não só dos OVNIs, como de aviões, observando também muitos de nossos artefatos espaciais, em órbita de nosso planeta, quando passavam sobre a região.

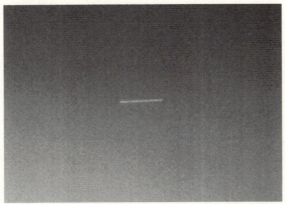

Ampliação da imagem do UFO fotografado pelas câmeras do *Spirit* (*Sol 63*). A textura do registro deixado pelo objeto é muito semelhante a deixada nas fotografias de UFOs batidas pelo autor na região da Serra da Beleza, no interior do Estado do Rio de Janeiro. No próprio link dessa imagem a agência espacial incluiu a palavra "UFO" (NASA / JPL / Cornell).
http://marsrovers.jpl.nasa.gov/gallery/press/ spirit/20040311a/Earth_Sol63A_UFO-A067R1.jpg

Durante estas investigações realizei mais de 600 vigílias noturnas, e numerosos testes fotográficos, documentando com exposição prolongada, além dos já mencionados UFOs e aviões, vários astros, justamente para o estabelecimento de padrões que me ajudassem na identificação da natureza do que estava sendo observado, e fotografado, não só por minha pessoa, mas também pelos outros investigadores de nosso grupo.

Ao longo de toda minha vida, e isto desde criança, observar o céu, inclusive com os instrumentos montados por mim, como também com os telescópios adquiridos, foi uma constante. Em várias oportunidades tive a chance de observar bólidos, meteoros de maior porte, e em duas dessas oportunidades, a sorte de ser testemunha da "explosão" final e desintegração desses corpos. Ou seja, sei muito bem como esses fenômenos se manifestam, e os padrões que podem ser exibidos, alguns de total desconhecimento das pessoas leigas em termos da astronomia. Foi com essa bagagem não só prática, mas também em termos teóricos, já utilizada em minha vida dentro da ufologia para avaliar casos de possíveis observações ufológicas, que busquei verificar cada uma das opções levantadas pela agência espacial.

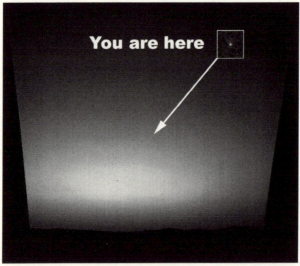

O planeta Terra visto e fotografado pelo *Spirit*. Essa imagem serve de referência para uma mensuração real da intensidade luminosa do UFO fotografado pelo mesmo rover. Se compararmos o brilho de nosso planeta no céu noturno marciano, que é um dos astros mais brilhantes, com a intensidade luminosa (muito maior) do objeto voador não identificado fotografado pelo *Spirit*, fica claro que nenhuma espaçonave norte-americana, ou mesmo russa, em órbita do planeta, poderia explicar a aparição do objeto voador não identificado (NASA / JPL / Cornell / Texas A&M).
http://marsrovers.jpl.nasa.gov/gallery/press/spirit/20040311a/11-ml-02-earth-A067R1.jpg

Em busca da verdade

A única espaçonave que havia sobrado como possível explicação para o caso, o módulo orbital da *Viking 2*, mesmo apresentando uma órbita supostamente compatível em termos de inclinação em relação ao equador do planeta, teria que ter sido descartada desde o início, devido um detalhe básico: o brilho intenso do objeto fotografado. Os módulos orbitais das *Vikings* possuem apenas dois metros e meio de diâmetro, e ao contrário das espaçonaves atuais, que apresentam órbitas mais baixas, próximas do planeta, as *Vikings*, mesmo quando no periélio, ponto em que os módulos ficam mais próximos, não poderiam apresentar de forma alguma a intensidade luminosa constatada no objeto, devido justamente à distância, e altitude superior.

Outro aspecto que foi desconsiderado e deixado de lado pela agência espacial está relacionado à própria estrutura do rastro gerado pelo tempo de exposição (15 segundos). Os módulos orbitais das *Vikings*, como qualquer outra de nossas naves que estão em órbita de Marte, como os nossos satélites, que giram em torno da Terra, são visíveis mediante reflexão da luz solar. Devido a este fator e realidade, o rastro do objeto na fotografia, gerado por seu deslocamento no céu, deveria ser uniforme, e sem variações de padrão, em termos de luminosidade.

A análise que realizei da textura do rastro, entretanto, revela que, durante o tempo em que o objeto estava em movimento, e sendo fotografado (15 segundos), ocorreram variações no brilho, ou da velocidade, e talvez as duas coisas, simultaneamente. Estes detalhes descartam também a possibilidade de se tratar não só do módulo da *Viking 2*, como ainda de qualquer outra de nossas naves.

A ideia de estarmos diante da trajetória de um meteoro não parece também fazer muito sentido, não só frente às imagens disponibilizadas pela agência espacial, como pelos dados técnicos fornecidos. O registro, ou rastro deixado pela trajetória do objeto na fotografia, possui, segundo o *release* do JPL, cerca de 4 graus de arco de extensão. Falando claramente, usando uma imagem para um melhor entendimento do que isto significa, ou representa, o objeto teria se deslocado no espaço de tempo de 15 segundos, entre o início e o fim do processo fotográfico, apenas uma área equivalente à que seria ocupada aproximadamente, em termos aparentes na esfera celeste, por oito Luas cheias, colocadas lado a lado. Pode parecer uma extensão razoável, mas na verdade não o é, ainda mais se consideramos as velocidades médias apresentadas pelos meteoros, ou bólidos, que entram na atmosfera marciana e também terrestre. Um deslocamento aparente tão lento no céu só poderia ser explicado, no caso de um meteoro, pela presença de um corpo com uma trajetória de elevado fator de aproximação do próprio *Spirit*, o que teria deixado alguma forma de evidência na textura do registro. Mas as análises que efetuei não revelaram o menor sinal também desse tipo de possibilidade. A própria orientação e sentido do movimento do objeto, apresentado pelo JPL, refuta esta alternativa. Na verdade, o registro da trajetória do objeto em Marte só encontra paralelo, ou semelhança, nos registros de trajetórias de OVNIs obtidos durante minhas investigações na Serra da Beleza, no interior do Estado do Rio, e em outras fotos ufológicas conseguidas também com tempo de exposição prolongado.

Verdade camuflada

A ideia sugerida no *release* de que talvez nunca viéssemos a descobrir a real natureza do objeto fotografado, dentro da postura normal da agência espacial, claramente negativa frente aos OVNIs, pode até ser considerada como um sinal de que a NASA, na verdade, tinha certeza de que as alternativas sugeridas não poderiam ser levadas a sério. Mas como não fazia parte ainda de suas prerrogativas, como acontece ainda hoje, desenvolver uma política pública de esclarecimento, que considere a realidade e presença de naves sob o controle de outras humanidades, a opção foi deixar o caso em aberto, o que não pode ser desconsiderado como um tímido e velado avanço.

Confirmação da presença de água

Desde o início da missão do *Opportunity* os seus instrumentos científicos, incluindo os espectrômetros e a câmera panorâmica e microscópica, passaram a detectar na região do pouso vários sinais da presença e contato da região com água em estado líquido, no passado. Muito próximo do *rover*, que havia descido no interior de uma pequena cratera, existia um afloramento rochoso invulgar, que havia chamado a atenção dos cientistas do JPL. Os estudos realizados revelaram que o material rochoso apresentava todas as indicações possíveis de ter tido contato com água. Algumas rochas estudadas dentro da área da cratera apresentavam padrões muito próximos inclusive das regiões de nosso planeta banhadas pelos oceanos, ou mares. No mesmo local foi detectada também a presença de hematita cinzenta, um óxido de ferro, que surge, geralmente, em ambientes ricos no precioso líquido.

Mas foi na série de imagens tomadas no trigésimo quarto dia da missão que apareceram os primeiros sinais de fósseis, agora do outro lado do planeta, a milhares e milhares de quilômetros de distância do sitio onde o *Spirit* já tinha realizado suas descobertas. O conjunto de fotos *Sol 34* da câmera microscópica, que é composto por seis imagens, revela em três delas estruturas associadas a uma rocha que são muito semelhantes a algumas espécies de crinóides, animais marinhos do nosso próprio planeta. Hoje existem ainda várias dessas formas vivendo nos mares e oceanos da Terra, mas foram muito mais numerosos no passado. Alguns extratos geológicos, por exemplo, do final da Era Paleozóica, são ricos em fósseis de diversas espécies.

Encontrei também sinais da presença do mesmo tipo de vida fossilizada nas fotografias da câmera miscroscópica da série *Sol 41*, e parece que dessa vez a própria agência espacial, mediante o JPL, percebeu a importância do que poderia ser documentado. Foram tomadas, conforme se pode observar na página do *Opportunity* referente ao quadragésimo primeiro dia da missão, nada menos que 48 imagens. Em todas elas os sinais da presença dos crinóides foi devidamente registrada.

Posteriormente confirmei que, antes mesmo dessas duas

descobertas, o mesmo tipo de evidência já havia sido documentado. Ao examinar mais tarde as fotografias obtidas no décimo quinto dia da missão, série *Sol 15* da mesma câmera microscópica, encontrei em 10 das 15 fotografias disponibilizadas da referida página, o mesmo tipo de sinal. A visão da área documentada por este conjunto de imagens é muito semelhante aos extratos geológicos da Terra impregnados de fósseis e fragmentos de espécies marinhas hoje extintas.

Essas descobertas na região de pouso do *Opportunity* são totalmente compatíveis com os extratos muito finos de matéria sedimentar encontrados exatamente na mesma área, que revelaram, segundo os especialistas do JPL, a possibilidade de toda a região ter sido coberta no passado geológico do planeta por um mar salgado, talvez com as mesmas características dos existentes em nosso mundo.

Este tipo de evidência da existência de fósseis de animais marinhos em Marte, cujas espécies seriam semelhantes às encontradas em nosso mundo, aparece em várias outras imagens, como na série *Sol 343* da câmera panorâmica do *Spirit*. As imagens tomadas nesse dia revelam a presença de uma forma de vida muito semelhante ao *Furcaster*, uma espécie de estrela do mar primitiva, que viveu em nosso planeta no período Devoniano, entre 417 e 354 milhões de anos atrás. O fóssil foi fotografado por cerca de treze vezes.

Poucas semanas depois o *Spirit* faria mais uma vez história, conforme descoberta do pesquisador português José Garrido, registrando algo muito semelhante a um tipo de *Anthozoa*, uma classe de animais marinhos do filo *Cnidária*, do qual fazem parte as anêmonas e corais. Localizei e examinei pessoalmente as quatro fotografias em termos dos seus originais no site da agência espacial, que haviam sido obtidas mais uma vez com câmera microscópica. Essas imagens fazem parte da série *Sol 386*.

Nessa altura da missão dos *rovers* não havia mais dúvidas, apesar disso ser mantido em sigilo: nosso mundo e o planeta Marte haviam partilhado um mesmo processo evolutivo em termos de vida. A questão era como entender este tipo de ligação. Afinal sempre existiu um abismo de milhões de quilômetros entre os dois mundos. As revelações do projeto *Mars Exploration Rover Mission* estavam apenas começando. Tanto o *Spirit* como o *Opportunity* continuavam a registrar, paralelamente aos sinais de vida no passado, cada vez mais evidências da presença da antiga civilização. É claro que isto não poderia ser uma surpresa para os técnicos e cientistas do JPL,

Imagem obtida pela câmera microscópica do *Spirit* (*Sol 386*) documentando a presença de mais um provável fóssil de vida marinha. O pesquisador português José Garrido sugeriu que se trata de algo muito parecido a um tipo de *Anthozoa*, uma classe de animais marinhos do filo *Cnidária*, do qual fazem parte as anêmonas e corais (NASA / JPL / Cornell / USGS). http://marsrovers.jpl.nasa.gov/gallery/all/2/m/386/2M160631572EFFA2K1P2936M2M1.JPG

afinal desde a década de 70, mediante as imagens tomadas a partir da órbita do planeta pela espaçonave *Mariner 9*, e por meio dos módulos orbitais do projeto *Viking*, já se sabia que havia existido uma cultura avançada, uma civilização de âmbito planetário, conforme vimos já neste livro.

Novas evidências

Na série de fotos *Sol 115* da câmera de navegação do *Opportunity*, continuei a detectar a presença de anomalias no solo do planeta. Foram fotografadas várias vezes o que parecem ser duas grandes lajotas de base quadrangular. O interessante é que ambas estão dispostas lado a lado, como se antes tivessem feito parte realmente de alguma forma de piso, em uma estrutura maior, que hoje não mais existe. Mas esta série de imagens apresenta outros detalhes que fundamentam a ideia de estarmos diante de coisas tocadas "por mãos humanas".

Além de outras estruturas no nível do solo, fragmentadas, mas que em alguns casos preservaram sinais de artificialidade, como os já mencionados cortes perfeitos em linha reta, observei em outras duas imagens tomadas no mesmo dia, em uma encosta próxima, distante poucos metros da posição do *rover*, um conjunto de estruturas onde parece visível, inclusive, alguma forma de tubo ou tubulação. Antes desse conjunto de formas invulgares, é visível também no solo, na mesma direção, e em ambas as fotos, um objeto de forma e textura da superfície claramente invulgar, que se destaca devido a sua singularidade, quando comparado com o visual ao redor, aparentando ser algo distinto da estrutura geológica da região.

Outro aspecto que aparece nítido nessas imagens são os sinais de umidade no solo ao redor de algumas rochas. Em várias posições da área coberta por essas imagens, detectei vestígios, que interpretei não só como sinais de um umedecimento do solo, como da passagem de água em estado líquido com os seus inerentes efeitos erosivos, pouco tempo antes das fotos serem batidas. A impressão com que fiquei não só depois de examinar essas fotos, mas também outras com os mesmos sinais da presença de água, obtidas pelo mesmo *rover*, é que a NASA sempre chegou ligeiramente atrasada aos sítios onde o precioso líquido havia se manifestado, ou simplesmente preferiu não divulgar imagens diretas que revelassem sua presença. Esta possibilidade não pode ser descartada.

O arquivo *Sol 115* da câmera de navegação do *Opportunity*, que documentou todos os detalhes que acabamos de mencionar, apresenta um total de 27 imagens. De maneira curiosa, o arquivo do dia da outra câmera (panorâmica), que junto com a microscópica, constituem o equipamento de imagens científicas dos *rovers*, nessa data, não apresenta uma única foto do solo do planeta (apenas imagens do Sol e do céu). Porque a NASA bateu tantas fotos com uma câmera de definição inferior e não utilizou seu equipamento mais adequado? O conjunto ótico de navegação, como o próprio nome diz, foi concebido para orientar a movimentação dos *rovers*, e não para gerar documentação para análise e posterior investigação.

Mais um fóssil

Outra descoberta que não poderia deixar de ressaltar no início ainda da missão da *Opportunity*, esta relacionada a seis imagens da série *Sol 121*, da câmera panorâmica. Minha atenção para essa sequência foi chamada inicialmente por uma postagem do já citado investigador português José Garrido em seu site (*http://ovni.do.sapo.pt*). No total foram batidas no dia, com o mesmo equipamento fotográfico, conforme verifiquei analisando o material original, 156 fotografias, todas documentando a região da cratera *Endurance*. Foi justamente no interior dessa pequena cratera, em uma de suas encostas, que foi encontrado mais um sinal da presença de vida no passado remoto do planeta. Podemos ver claramente em todas as seis fotografias, acima da superfície arenosa dessa região da cratera, o que parece ser, em nossa interpretação, mais uma ossada, incluindo um pé e parte de uma perna, provavelmente da parte de trás de um animal. O padrão é muito próximo, mais uma vez, ao apresentado por espécies da vida planetária de nosso próprio mundo, especificamente e mais semelhante a algumas das espécies de dinossauros, que se extinguiram na Terra há cerca de 64 milhões de anos atrás. Examinando as imagens de maneira mais detalhada percebi claramente que o referido achado parece ser apenas uma parcela menor da totalidade do fóssil, cuja maior parte estaria provavelmente preservada abaixo da superfície.

Quando eu examinava os panoramas, os mosaicos de fotos desse *rover*, acabei constatando que a referida ossada já havia sido fotografada dias antes (*Sol 115 e 116*), pelo sistema fotográfico de navegação. Além desse fóssil, a região apresenta outras "anomalias". Poucos metros à esquerda, mais ao alto e mais próximo da borda da própria cratera, constatei a presença do que pode vir a ser apenas realmente um conjunto de rochas, porém a forma de parte desse conjunto é muito sugestiva, e mais uma vez me leva a levantar a possibilidade de estarmos diante de mais uma estrutura petrificada de base biológica, talvez um réptil (cobra ou serpente). Mas não é só isto que podemos ver nessa série de imagens. No lado oposto, usando como referência mais uma vez o achado principal, temos outra estrutura misteriosa, também notada por outros investigadores, cuja natureza permanece em aberto.

Uma das fotos tomadas pelo *Opportunity* com sua câmera panorâmica (*Sol 121*) documentando a região da cratera *Endurance*. A imagem apresenta vários sinais da presença de fósseis, com destaque para o que parece ser parte de uma ossada, incluindo um pé, e parte de uma perna de um antigo animal do planeta (NASA / JPL / Cornell).
http://marsrovers.jpl.nasa.gov/gallery/all/1/ p/121/1P138922305EFF2809P2261L6M1.JPG

A região da cratera *Endurance* trouxe mesmo muitas revelações. Foi nessa mesma área de investigação, do outro lado da cratera, que constatei as já mencionadas "lajotas" e o conjunto de estruturas, incluindo o que parece ser um duto ou tubo, fotografados poucos dias antes (*Sol 115*). Todas essas descobertas podem ser visualizadas em conjunto mediante o mosaico de imagens postado pelo JPL na página de panoramas do *rover* no dia 16 de setembro de 2004. Faz parte dessa postagem, inclusive, uma imagem em 3D.

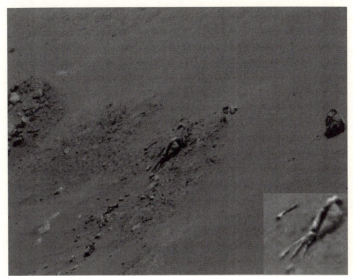

Duas ampliações da ossada fotografada pelo *Opportunity* na região da cratera *Endurance* (NASA / JPL / Cornell / José Garrido).
*h t t p : / / m a r s r o v e r s . j p l . n a s a . g o v / g a l l e r y / a l l / 1 /
p/121/1P138922305EFF2809P2261L6M1.JPG*
*http://anomaliasemmarte.no.sapo.pt/princpanomalias/hemisul/s90w0/
Sol121/opportunity_sol_121.htm*

Fragmento de um monumento à vida animal?

Outro conjunto de fotos que chamou muito minha atenção foi a série *Sol 229* da câmera panorâmica do *Spirit*, onde temos cerca de 19 fotografias, e em três dessas uma estrutura bastante invulgar, com a forma de um pescoço alongado de um dinossauro, pode ser observado se projetando a partir do solo. Não sei do que se trata, mas não parece parte de um fóssil, e sim um pedaço de uma antiga estrutura, cujo sentido apenas poderia especular. Mas o fato é que, como costuma acontecer nas fotos em que são detectadas estas "anomalias", junto da referida estrutura existe outra coisa misteriosa: mais uma rocha de padrão geométrico, isto se for mesmo uma rocha.

Sem explicação

Mas os mistérios envolvendo a missão dos dois *rovers* vão muito além das imagens conseguidas. No início do livro abordamos a misteriosa e ainda não explicada situação que envolveu vários de nossos primeiros artefatos espaciais, os satélites norte-americanos e russos, que depois de colocados na órbita de nosso planeta, pararam de funcionar e foram considerados perdidos. O problema é que depois, de maneira surpreendente, tiveram seus problemas e falhas resolvidas, mediante algum tipo de processo de manutenção, cujos responsáveis permanecem não identificados, pelo menos em termos oficiais.

Quando o projeto de engenharia dos sistemas dos *rovers* *Spirit* e *Opportunity* foi finalizado, já se sabia que cada um deles, por mais que fossem sofisticados os seus equipamentos e dispositivos, teria uma vida útil relativamente pequena. A missão projetada, se tudo ocorresse dentro das expectativas, e não se manifestassem problemas ou circunstâncias desfavoráveis, deveria ser cumprida dentro de três meses, 90 dias.

O aspecto crucial do projeto estava desde a "prancheta" relacionado à questão da energia, que seria utilizada não só para a obtenção das fotografias, como em maior escala, para movimentação pelo solo do planeta. Toda a energia dos *rovers* teria que vir do Sol, mediante sua captação pelos painéis solares, e posterior transformação em energia elétrica. Este problema relacionado ao abastecimento energético poderia ter sido eliminado mediante a utilização de um pequeno gerador termonuclear, mas a NASA sempre foi mais responsável dos que os soviéticos e russos quanto à questão do emprego de fontes nucleares, devido às possibilidades de contaminação, em caso de acidente ou vazamento do material radioativo. Os russos, por exemplo, cansaram de colocar, mesmo na órbita terrestre, artefatos espaciais com material radioativo como fonte de energia.

Mas voltando a falar objetivamente das questões energéticas dos *rovers*, o problema, já dimensionado e confirmado também mediante a experiência com a *Pathfinder*, estava relacionado diretamente às condições ambientais do planeta, onde tempestades de areia, e mesmo a simples poeira levantada do solo pelos ventos, progressivamente cobriria os painéis solares, impedindo a captação da energia solar.

Outra solução para o problema teria sido a inclusão no arsenal de equipamentos do projeto de um dispositivo mecânico para efetuar a limpeza, mas os riscos de se operar algo assim, a vários minutos-luz de distância, fez a NASA abdicar desse tipo de tecnologia. Uma operação corretiva (limpeza) teria que ser feita, pelo menos em tese, quando ainda a energia estivesse em níveis razoáveis. Ou seja, uma falha no equipamento, ou em sua operação, na verdade poderia abreviar, ou antecipar o próprio fim da missão. Mas deixando de lado agora os aspectos especulativos, o que de fato aconteceu em termos práticos com o *Spirit* e o *Opportunity*?

Ambos os *rovers* transpassaram com facilidade os primeiros 90 dias (marcianos) de operação, e para surpresa de muitos, conforme pode ser constatado por alguns dos números das fotos da série *Sol*, que já comentamos nesse capítulo, mais de trezentos dias após o início da missão de cada um deles, ambos continuavam operando normalmente, apesar do gradativo aumento da camada de poeira, principalmente nos painéis do *Spirit*. Conforme o *rover* se aproximava dos 400 dias a questão energética foi ficando mais grave. As imagens tomadas dos painéis e de toda a parte superior pela câmera panorâmica revelavam que a situação estava cada vez mais critica, respaldando os dados que a própria telemetria da agencia espacial vinha recebendo, indicando o decaimento da saída de energia dos painéis. Era questão de dias o colapso final, e os cientistas e técnicos do JPL já estavam preparados para o termino da missão, considerada naqueles dias um êxito completo, afinal o *Spirit* estava a ponto de comemorar uma marca de atividade superior em cinco vezes a planejada inicialmente.

Tenho em minha memória ainda hoje, ao escrever sobre o assunto mais de 7 anos após os acontecimentos, as referência feitas pela mídia não especializada aos acontecimentos daqueles dias. Lembro perfeitamente da divulgação pela grande imprensa que o *Spirit* vivia seus últimos momentos, como também, para surpresa de todos, do posterior anúncio do seu ressurgimento após a prevista falha, ou colapso energético.

Examinei recentemente mais uma vez, e de maneira mais aprofundada, as imagens disponibilizadas em várias das paginas da NASA relacionadas a esse período, e busquei nos *releases* oficiais dá época as informações necessárias para uma noção mais exata do que acabou acontecendo. Fiz isto tendo em mente que podia existir uma diferença, pelo menos em tese, entre as declarações oficiais da agência espacial, tornadas públicas, e a sua própria documentação disponibilizada, que na maioria expressiva das vezes, não é acessada nem pela mídia, e muito menos pela população em geral.

Ao completar 390 dias de missão, a situação do *Spirit*, conforme podemos ver nas imagens da época, era realmente muito grave, devido à camada de poeira, e a energia já havia caído para níveis muito baixos. Um mosaico de imagens coloridas tomadas pela câmera panorâmica entre os dias 27 de fevereiro e 2 de março de 2005, (*Sol 410 e 413*), deixava mais claro ainda o problema. A cor dos painéis já era exatamente a mesma apresentada pelo solo do planeta, conforme pode ser observado mediante postagem realizada no dia 29 de abril de 2005, dentro do catálogo de imagens panorâmicas do *Spirit*.

A primeira surpresa ocorreu entre os dias 5 e 15 de março de 2005 e está documentada pelas imagens da câmera panorâmica do *rover,* respectivamente das séries *Sol 416 e 426*, conforme podemos ver em um *release* expedido pelo JPL vários dias depois, em 25 e março (2005). Junto do comunicado são apresentadas duas imagens, ambas da parte traseira superior do *rover* (*calibration target*), A primeira delas, tomada no dia 5 de março revela a presença de uma espessa camada de poeira, e já na segunda, obtida no dia 15 de março, a poeira havia desaparecido.

Segundo ainda o *release*, o desaparecimento da poeira teria ocorrido na verdade no dia 9 de março (*Sol 420*). A explicação para o mistério relaciona a limpeza dos painéis ao próprio vento marciano, que em condições especiais, associado aos chamados "diabos de poeira" (*dust devils*), redemoinhos, semelhantes aos tornados, mas de menor intensidade, teria atingido o *rover*, passando literalmente sobre ele. Mas como as imagens que haviam sido obtidas no dia da "manutenção" dos painéis, segundo a própria agência espacial, não revelaram qualquer registro do fenômeno na região, foi sugerido que o "evento de limpeza" teria provavelmente atingido o *Spirit* na parte da noite, o que teria impedido o seu registro.

Verifiquei pessoalmente as fotos do dia 420 no catálogo geral do *rover*. No total 88 imagens foram tomadas, e como pude confirmar, não existe o menor sinal de tornados na data em questão, mas encontrei algumas coisas curiosas, principalmente se considerarmos que os cientistas do JPL sabiam estar vivendo os últimos dias do *Spirit*, ou seja, era preciso aproveitar ao máximo todo e qualquer momento ainda restante.

Se eu for acreditar que todas as fotos obtidas da série da câmera panorâmica – uma das duas, como já revelei antes, de aplicação científica, – estão disponibilizadas no referido catálogo, o JPL parece ter feito uma estranha opção, principalmente e por coincidência na data em que pela primeira vez na história de nosso programa espacial, um veículo sob seu controle teria sofrido uma "manutenção" realizada supostamente por um fenômeno meteorológico. Pode parecer inacreditável, mas ao longo de todo o dia 9 de março de 2005, ela foi utilizada apenas, e exclusivamente, para obter fotografias do nosso Sol. Não existe uma única imagem dessa câmera mostrando a área em torno do *Spirit*.

O leitor pode estar se questionando, procurando entender de onde a NASA tirou então a curiosa explicação para a limpeza dos painéis solares. Como apoio para esta absurda e descabida ideia foi utilizada a descoberta em imagens obtidas já no dia seguinte, série *Sol 421* (10 de março), por duas das câmeras (*navigation / rear bazcam*), de duas manifestações do fenômeno (*dust devils*). As fotos, também estudadas por este autor, mostram realmente dois pequenos tornados a cerca de um pouco mais de um quilômetro de distância do *rover*.

Apesar da agência espacial (NASA) nunca ter admitido, o Laboratório de Propulsão a Jato em Pasadena, responsável pela operação dos rovers após os primeiros "fenômenos de limpeza", já sabia que podia contar com "alguém" em Marte para cuidar de seus veículos. Isto acontecia pelo menos no aspecto da limpeza dos painéis solares, fundamentais para a manutenção da energia necessária para os sistemas ligados as análises do solo, atmosfera, fotografias, transmissão dos dados para a Terra, além da próprio deslocamento pelo planeta. As imagens acima são da série *Sol 1229*, e foram obtidas pela câmera panorâmica do *Spirit*. Como pode ser observado mais uma vez, não existia o menor sinal da presença da poeira na parte superior do rover, e isto mesmo nas partes onde ela naturalmente deveria estar mais acumulada, como nas depressões, e pequenos orifícios presentes na estrutura (NASA / JPL / Cornell).
http://marsrovers.jpl.nasa.gov/gallery/all/2/p/1229/2P235474524EDNAU00P2 277L6M1.JPG
http://marsrovers.jpl.nasa.gov/gallery/all/2/p/1229/2P235474425EDNAU00P2 277L6M1.JPG

Mas eu não tenho a menor dúvida de que, se o *Spirit* tivesse tido no dia anterior seu colapso final em termos de energia, o mesmo fenômeno teria sido utilizado no mínimo como causa derradeira para o fim da missão. Os "diabos de poeira" não podem fazer o trabalho de um aspirador de pó, como na sugestão da agência espacial. Pelo contrário, a aproximação do fenômeno do *rover*, nos segundos que teriam antecedido o envolvimento do veículo pelos ventos giratórios ascendentes, devido às características geológicas do solo da região, em vez de ser a solução para a questão, só agravaria ainda mais o problema, devido à quantidade de poeira que seria revolvida e retirada do solo, e em seguida dispersa na atmosfera acima do veículo. A ideia dos "diabos de poeira", naquele hoje já distante momento, não passava de mais uma alternativa absurda da agência espacial em suas tentativas de manter as coisas sob controle. A maneira encontrada para, pelo menos em termos públicos, explicar o inexplicável, e evitar a única alternativa lógica: "alguém", bem mais perto do *Spirit*, e a milhões de quilômetros de distância do centro de controle em Pasadena, na Califórnia, havia demonstrado também interesse na continuidade da missão.

As contradições da NASA

Mas os tornados observados no dia seguinte ao da misteriosa recuperação dos painéis do *Spirit* eram apenas o início e um alerta para o que estava prestes a acontecer, e colocar em cheque a própria versão oficial da agência espacial para o "evento de limpeza". A região da cratera *Gusev* vivia o início de uma temporada e sucessão de ocorrências do mesmo tipo. Durante meses os "diabos de poeira" seriam registrados pelas câmeras do *rover*.

No dia 14 de abril (2005) a câmera de navegação documentou em 21 de suas imagens a presença e retorno do fenômeno. No dia seguinte o mesmo equipamento de imagens registrou a presença de outras manifestações, só que agora os "diabos de poeira"tinham de maneira perigosa se aproximado ainda mais. Mediante estas fotos, respectivamente da série *Sol 445*, e *446*, o JPL produziu dois *clips*, posteriormente postados na página de imagens panorâmicas do *rover*, onde podemos observar em detalhes a real natureza do fenômeno, incluindo seu potencial de risco relacionado à quantidade de poeira, que havia sido revolvida do solo, e dispersada poucos metros acima. Qualquer um que observe essas imagens tem que estar louco para admitir a veracidade da explicação fornecida pela agência espacial. Não era a primeira, nem seria a última vez que a NASA, após ter fornecido uma explicação absurda, dentro de um processo de acobertamento da realidade, posteriormente cuidou de desacreditar, mediante a divulgação de novas informações, ou documentação, sua própria versão oficial. Mas quantos no planeta tiveram a oportunidade de ver estas imagens?

Marte – A Verdade Encoberta

Interrupção do processo fotográfico

Mas a coisa não parou aí. Descobri, examinando a sequência de fotos de cada câmera do *Spirit*, no catálogo geral de imagens do site *Mars Exploration Rovers* (*All Raw Images*), que justamente no período em seguida às aparições e maior aproximação dos "tornados" (*Sol 445 e Sol 446*), todas as câmeras do *rover* se tornaram inoperantes. Nos dias 450, 451 e 452 nenhum foto foi obtida pelas câmeras panorâmicas e de navegação. No sistema de imagens microscópicas a lacuna aconteceu por um período maior, entre os dias 432 e 456, e nas outras duas câmeras (*front razcam e rear hazcam*), entre os dias 446 e 452. No que diz respeito à câmera microscópica, o período maior não precisa estar relacionado a algum problema particular, ou especial, pois o sistema não é utilizado normalmente em todos os dias, mas de qualquer forma, também permaneceu inoperante nos dias em que o restante das câmeras ficou "fora do ar".

O fato de durante três dias não ter sido tomada uma única imagem deixa claro que algo de muito relevante havia acontecido. De início não tinha ideia do que de fato teria acontecido nesse período, inclusive por conta da postura padrão da agência espacial, que de maneira frequente costuma manipular a realidade passada em termos oficiais para a mídia, e a população em geral. A busca da verdade teria que passar mais uma vez pela análise minuciosa das imagens nos arquivos da própria NASA, e isto se fotos reveladoras não tivessem sido subtraídas, ou melhor, mantidas longe dos catálogos fotográficos.

Mais descobertas

A primeira coisa que fiz foi verificar nas fotos dos dias que antecederam a suspensão do processo fotográfico a existência de algum sinal relevante, passível de ser utilizado na busca de uma compreensão e justificativa para o que acabou acontecendo. Mais uma vez, por coincidência, a série de fotos da câmera panorâmica do dia anterior a mais um "fato novo" (interrupção do processo fotográfico), não revela uma única imagem do ambiente em volta do *Spirit*. As 18 fotografias postadas na página do referido dia só apresentam fotografias do Sol, e do calibrador de imagens do *rover* (*calibration target*). Na página de fotos do mesmo dia (*Sol 449*) da câmera de navegação, a situação não é muito diferente. Das 22 fotografias exibidas, quatro são também do Sol, e todas as demais são imagens com diferentes filtros de um mesmo setor próximo ao próprio *Spirit*. Não existe, portanto uma única foto divulgada apresentando uma visão panorâmica da região. As outras câmeras, como já revelei, haviam deixado de funcionar antes. Realmente não encontrei nenhuma outra evidência, ou sinal, para justificar a lacuna de vários dias no catálogo do *rover*, além dos efeitos nocivos dos já mencionados "diabos de poeira".

O milagre se repete em escala maior

Se eu pudesse ainda ter dúvidas sobre a presença de uma inteligência por trás do primeiro "evento de limpeza" nos painéis solares do *Spirit*, essas com certeza não teriam resistido ao que descobri, ao examinar as primeiras imagens obtidas pelas câmeras do *rover*, quando ele ressurgiu das cinzas (*Sol 453*). A primeira coisa que essas fotografias revelam, é que desde o dia 445 da missão, quando a segunda série de tornados atingiu a região, o *rover* praticamente não se moveu. As primeiras fotografias que acessei, foram as quatro obtidas pelo sistema *front bazcam*. Essas imagens obtidas às 13 horas, 48 minutos e 26 segundos (hora solar marciana), revelam uma coisa surpreendente: as rodas dianteiras do *Spirit* estavam semienterradas no solo, confirmando que ele havia sido atingido realmente por uma tempestade de areia, ou pelos próprios tornados. Cerca de 10 minutos depois, a câmera de navegação obteve as duas primeiras fotografias mostrando partes já dos painéis solares. De maneira inacreditável, estavam totalmente limpos! Antes dessas fotografias, serem conseguidas, o sistema de imagens

Marte – A Verdade Encoberta

panorâmicas, pelo que podemos observar em sua página específica, já estava sendo utilizado para obter fotos dos vários componentes existentes na parte superior do *rover*. As imagens são surpreendentes. Mesmo em cavidades e pequenos orifícios não havia o menor sinal da presença da areia, ou da poeira, que certamente teria envolvido o *Spirit*, conforme revelam as fotos obtidas de suas rodas. Pela segunda vez em poucos dias o *Spirit* havia sido salvo.

Imagem obtida pelo câmera *Front Hazcam* no dia 445 da missão, momentos antes do *Spirit* ser atingido provavelmente por mais uma sequência de pequenos tornados, que o levariam a vários dias de paralização no processo fotográfico, devido pane no sistema de energia provocada pela poeira nos seus painéis solares. Como pode ser observado nessa imagem, as rodas dianteiras do rover estavam ainda livres de poeira (NASA / JPL / Cornell).
http://marsrovers.jpl.nasa.gov/gallery/all/2/f/445/2F165871509EFFA9B0P12 12L0M1.JPG

Fotografia obtida pela câmera *Front Hazcam* do *Spirit* no dia em que suas câmeras voltaram a funcionar (*Sol 453*). Como pode ser observado nessa imagem, as rodas do rover estão enterradas parcialmente, revelando que ele foi atingido pelos tornados, ou por uma tempestade de areia (NASA / JPL / Cornell).
http://marsrovers.jpl.nasa.gov/gallery/all/2/f/453/2F166581618EFFA9BGP12 13L0M1.JPG

O paraíso do outro lado do planeta

Em *Meridiani Planum*, do outro lado do planeta, o *Opportunity*, na mesma época, longe dos "diabos de poeira", vivia dias muito mais tranquilos, como revelam várias das fotos de sua câmera panorâmica da série *Sol 449*. Em cinco das 209 fotografias obtidas no dia são visíveis os painéis solares, e as condições dos mesmos em nada podiam ser comparadas às vivenciadas pelo *Spirit* antes de passar pela manutenção.

Para surpresa da agência espacial (NASA), no dia em que as câmeras do Spirit voltaram a funcionar (*Sol 453*), apesar das rodas terem sido fotografadas parcialmente enterradas, os painéis solares surpreendentemente estavam novamente limpos, e já estavam gerando energia normalmente, conforme pode ser confirmado por essa imagem obtida pela câmera de navegação. Tinha ocorrido mais uma limpeza corretiva, realizada por alguém interessado no continuísmo da missão e de nossas descobertas (NASA / JPL / Cornell).
http://marsrovers.jpl.nasa.gov/gallery/all/2/n/453/2N166582215EFFA9BGP0695L0M1.JPG

Após o segundo "fenômeno de limpeza" nos painéis solares e na parte superior do *Spirit*, confirmado mediante as fotos da série *Sol 453* das várias câmeras do rover, não ficou qualquer sinal de poeira ou areia, mesmo nos pequenos orifícios da parte superior do veículo, como pode ser constatado nessa imagem tomada pela câmera panorâmica (NASA / JPL / Cornell).
http://marsrovers.jpl.nasa.gov/gallery/all/2/p/453/2P166585874ESFA9BGP2113R1M1.JPG

Se de fato os "eventos de limpeza" estivessem relacionados aos pequenos tornados, como explicar então que o *Opportunity*, sem contato com o fenômeno dos *dust devils*, estivesse tendo muito menos problemas com seus painéis? O processo mais lento de acumulação de poeira nos painéis do *rover*, pelo menos em parte parece estar associado à falta de contato com os redemoinhos, mas ele também progressivamente passou a viver e ter sua vida útil prolongada por sucessivas correções e eventos de limpeza. O mesmo tipo de milagre propiciado supostamente, na visão oficial da agência espacial, pela natureza invulgar dos ventos marcianos, dentro da proposta de que o mesmo vento que sujava, quando necessário, limpava os painéis. Na reali-

Detalhe da roda dianteira esquerda do *Spirit* (enterrada) em uma das fotografias do dia 453 da missão. Imagem da câmera *Front Hazcam* (NASA / JPL / Cornell).
http://marsrovers.jpl.nasa.gov/gallery/all/2/f/453/2F166581618EFFA9BGP1213L0M1.JPG

dade, não era a primeira vez que os deslocamentos de ar dentro da atmosfera marciana produziam, segundo a agência espacial, seus milagres: afinal também tinham sido os ventos do planeta, mediante erosão eólica, os responsáveis pela formatação das estruturas piramidais. Eu costumo dizer em minhas conferências sobre o planeta Marte, que vivemos em um mundo de segunda categoria, pois aqui as tempestades de areia, tornados e furacões só causam destruição.

Mas que forças estariam operando na atualidade em Marte, e interferindo de maneira tão decisiva em nosso projeto de exploração do planeta? Até que ponto, ou até quando o JPL poderia contar com esta parceria, provavelmente nunca oficializada, mas providencial, e fundamental, para a continuidade das descobertas no Planeta Vermelho?

Um lagarto em Marte

Outra questão que não resisto à tentação de passar para os leitores é o sentido real da palavra *descoberta* dentro do contexto do projeto *Mars Exploration Rovers*. Até que ponto alguns dos achados desses *jipes* foram realmente fruto apenas da casualidade? Ou ocorreu algum tipo de interferência por parte dos alienígenas, ou seres presentes no planeta na atualidade, propiciando de alguma forma, ou facilitando estas descobertas? Foi justamente nos dias entre o primeiro "evento de limpeza", e a interrupção do processo fotográfico, quando o *Spirit* explorava a região que passou a ser conhecida como *Columbia Hills*, que sua câmera panorâmica obteve algumas das mais importantes e reveladoras imagens sobre os sinais de vida no passado do planeta. No dia 436 da missão do *rover*, pouco depois de uma e meia da tarde (horário marciano), o *Spirit* bateu a primeira foto de uma série de 4 imagens, que documentam a presença de vários fósseis, todos visíveis em um mesmo enquadramento do sistema de imagens.

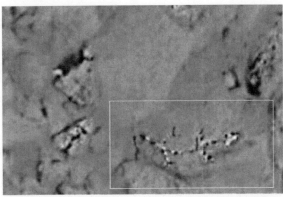

Provável fóssil de uma espécie de animal (lagarto) descoberto pelo investigador português José Garrido nas imagens da câmera panorâmica do *Spirit* da série *Sol 436* (NASA / JPL / Cornell / José Garrido).
http://marsrovers.jpl.nasa.gov/gallery/all/2/p/436/2P16507 1547EFFA881L2M1.HTML
http://anomaliasemmarte.no.sapo.pt/princpanomalias/hemisul/TEMASUL/martanomasuANIAUTOC2.htm

A matrix do nosso mundo real

Quando observei este material pela primeira vez também no já citado site do investigador português Jose Garrido, e depois na página da própria agência espacial (NASA), vivenciei emoções contraditórias. Por um lado sabia que o que estava na tela de meu computador era mais do que um sinal do tempo em que a vida havia florescido no Planeta Vermelho. Em uma área de poucos metros quadrados podiam ser vistos três exemplares fossilizadas semelhantes a muitos dos répteis da vida plane-

Marte – A Verdade Encoberta

tária de nosso próprio mundo. Um deles exibindo toda a sua estrutura preservada, do crânio aos ossos das patas, passando por sua coluna vertebral. Algo muito semelhante a várias das espécies de lagartos que ainda hoje vivem, ou habitaram nosso planeta no passado. Ao mesmo tempo em que me sentia um privilegiado por estar vivendo aquela oportunidade, não havia como não sentir uma decepção, e eu diria até certa indignação, por saber o quanto nossa humanidade continuava a ser mantida na ignorância, vivendo dentro da *matrix* engendrada não pelo "mundo das máquinas", como na ficção e no sucesso do cinema, mas por mentes que infelizmente sempre fizeram parte do mundo real: o sistema de poder que escraviza nossa humanidade, e nos diz em que devemos acreditar. Mas como na história de Hollywood, e no próprio Universo, tudo que teve um início, possui um fim.

Nesse momento em que escrevo estas linhas estou me recordando do que aconteceu quando iniciei anos atrás a divulgação de materiais desse tipo, e proferia as primeiras palestras sobre os sinais de uma antiga civilização em Marte. Muitos dos amigos e amigas que frequentaram essas conferências saíram profundamente abalados ao perceberem o quanto haviam sido manipulados e enganados ao longo de décadas pelo acobertamento. O sentimento mais comum era de terem sido traídos, afinal as imagens exibidas eram da principal agência espacial do planeta, que oficialmente continuava a dizer que na realidade ainda buscávamos os primeiros sinais de vida fora da Terra.

Crânio humanóide

Mas os fósseis encontrados em Marte parecem não ser apenas de formas de vida vegetal e animal, semelhantes às espécies que viveram no passado remoto de nosso planeta. Conforme o *Spirit* avançava em sua jornada, se afastando do ponto de pouso, explorando outras regiões no interior da cratera *Gusev*, o leque de evidências e descobertas visivelmente foi se ampliando.

Entre as 14 fotografias obtidas pela câmera panorâmica da série *Sol 513*, por exemplo, duas estão relacionadas diretamente a novos vestígios de antigas edificações. O que chama atenção não só nessas fotografias, mas em várias outras que haviam já sido obtidas, é o estágio de fragmentação e dispersão dos sinais da antiga civilização, como se estivéssemos diante de um mundo onde algo realmente de muito grave aconteceu, literalmente pulverizando o que parece ter sido um passado onde o planeta em termos gerais teria sido ocupado pela antiga civilização. Mas voltando às imagens obtidas no dia 513 da missão do *Spirit*, o grande destaque em termos de descoberta nesse dia é o que parece ser um crânio de aparência humanóide, aparentemente associado a um fragmento rochoso, que é perfeitamente visível mesmo antes da prerrogativa máxima de ampliação dentro do site mantido pelo JPL e pelo *Instituto de Tecnologia da Califórnia (California Institute Technology)*. Um dos primeiros a notar fora da agência espacial a presença desse crânio foi o brasileiro Eduardo Lucena. Muito próximo do exemplar existem outras estruturas, com destaque para o que, pelo menos aparentemente, parece uma fusão ou associação de duas rochas. Um pouco mais distante temos outra "peça" de tamanho mais avantajado que em nada se parece com uma rocha, visivelmente distinta das pedras e estruturas rochosas da região, com sinais de ser um fragmento de outra estrutura artificial.

Foto conseguida com a câmera panorâmica do *Spirit* (*Sol 513*). Nela pode ser observado um crânio de aparência humanoide associado a um fragmento rochoso. Seria o crânio de um dos antigos habitantes do planeta? (NASA / JPL / Cornell).
http://marsrovers.jpl.nasa.gov/gallery/all/2/p/513/2P171912249EFFAAL4P2425L7M1.JPG

Uma das imagens obtida pela câmera panorâmica do *Spirit* no dia 728 de missão do *rover*, documentando o que parece ser uma colônia de corais. Mais uma evidência da presença de animais marinhos no passado remoto do planeta (NASA / JPL / Cornell).
http://marsrover.nasa.gov/gallery/all/2/p/728/2P191001983EFFAMOAP2443R1M1.JPG

Poucos dias depois de ter fotografado a misteriosa estrutura na forma de um crânio humanóide, a câmera panorâmica do *Spirit* enviaria para o centro de controle da missão em Pasadena outras imagens desconcertantes, pelo menos se considerarmos a premissa oficial da agência espacial, dentro da qual a ideia de sinais de vida no passado fazia parte apenas do mundo especulativo. A série de fotos da série *Sol 527*, além de revelar mais uma vez a presença dos chamados "diabos de poeira", e inúmeras fotos do Sol, mostra que naquela data as condições gerais do *rover* permaneciam favoráveis para a continuidade da missão. Os pequenos tornados provavelmente estavam se mantendo longe do *Spirit*, ou ele continuava a sofrer a já mencionada manutenção corretiva em termos de limpeza, para conseguir vencer e superar a temporada dos "diabos de poeira". A série de 72 fotos apresenta apenas oito imagens do solo nas imediações do *rover*, com quatro enquadramentos distintos da superfície da região. Um exame cuidadoso desse material fotográfico revelou para este autor novas evidências. Além de vestígios do que parecem ser fragmentos de ossos, e um objeto que em nada se assemelha a uma rocha, apresentando inclusive em sua parte superior, que é plana, sinais de ter sido pintado, uma imagem de uma cobra, ou serpente. A forma, que apresenta realmente um padrão comparável a um réptil, pode ser constatada em duas das oito imagens. São tão claras que podemos ver não só a posição de um dos olhos, como do que seria a boca do animal. A questão em aberto, entretanto, é a natureza do que pode ser visto nessas duas fotos. Estaríamos diante de uma estrutura biológica fossilizada, petrificada, ou de apenas uma escultura, ou trabalho de reprodução realizado pelos antigos habitantes do planeta? Não tenho resposta para esta questão, apesar do "objeto" ser realmente uma das coisas mais impressionantes que tive a oportunidade de observar mediante minhas investigações.

Outra foto obtida pelo pela câmera panorâmica do *Spirit* documentando sinais compatíveis com a presença de colônias de corais nos antigos mares marcianos. A imagem foi conseguida no dia 731 da missão (NASA / JPL / Cornell).
http://marsrovers.jpl.nasa.gov/gallery/all/2/p/731/2P191257131EFFAN00P2445R1M1.JPG

Colônia de corais

A ideia de que Marte possuiu no passado não só rios, e lagos, mas inclusive mares e oceanos, conforme defende atualmente a própria NASA, encontra realmente uma quantidade cada vez mais expressiva de evidências. Além dos indícios encontrados nas imagens obtidas pelas espaçonaves em órbita do planeta, oficialmente e publicamente reconhecidos, como já revelamos nesse capítulo, a tese é hoje endossada pelas descobertas realizadas também pelos próprios *rovers*, apesar de algumas dessas evidências oficialmente não estarem sendo ainda assumidas.

Já fiz menção à descoberta de fósseis de crinóides e outras formas de vida marinhas. Quando examinei o mosaico de imagens do site *Photojournal* identificado como *PIA05968* encontrei, como escrevi, uma "cobertura" sobre uma rocha que em tudo se assemelhava aos vestígios da presença de uma antiga colônia de corais. Mas foi ao examinar a sequência de imagens da série *Sol 731* da câmera panorâmica do *Spirit*, que este tipo de evidência se estabeleceu de maneira definitiva em minha mente. Nesse dia da missão o *Spirit* obteve 16 imagens com o sistema panorâmico, sendo que em quatro dessas o alvo foi mais uma vez o Sol. Em todas as outras 12 fotografias tomadas documentando os arredores do *rover*, encontramos imagens de estruturas fósseis de antigas colônias de corais, geralmente associadas a estruturas rochosas, que em passado remoto estariam submersas.

Mas não foram apenas os sinais da presença dos corais que chamaram minha atenção ao analisar a sequência de imagens. As quatro primeiras fotografias na postagem do dia revelam a presença de uma estrutura misteriosa. Se o objeto for uma rocha com certeza sofreu um trabalho esmerado em termos de polimento. Na parte superior temos uma marca em termos de profundidade, que parece desenhar quase um retângulo, isto se não estivermos diante de uma espécie de tampa, acoplada à estrutura. Mas esta coisa não está sozinha na região. Nas duas primeiras fotos da terceira fileira de imagens da mesma página do *rover*, descobri outra forma sem vinculação com os aspectos geológicos. A impressão que tive desde a primeira vez que observei este objeto, que é visto em primeiro plano nas imagens, e foi fotografado a poucos metros de distância, é que estamos diante de mais um fragmento de antigas construções, ou monumentos. Mas nesse caso não seria uma rocha trabalhada, ou que sofreu um polimento. A peça parece totalmente artificial em termos de sua composição. Um exame ainda mais detalhado de toda essa sequência de fotos revelou a presença de outros sinais menores de artificialidade, inclusive compatíveis, em termos de polimento, ou material constituinte, com os dois objetos que acabei de mencionar.

Verifiquei posteriormente que imagens obtidas três dias antes pela mesma câmera panorâmica do *rover* (*Sol 728*) já revelavam tanto os sinais das antigas colônias de corais, como de outras estruturas artificiais, e rochas trabalhadas pelos antigos habitantes do planeta. Um dos destaques dessa série de fotos é o que parece ser uma ruína de uma antiga construção de base geométrica. Não muito distante desse objeto existe uma forma ainda maior, fotografada a uma distância superior, mas que para este autor não possui o caráter de evidência arqueológica da antiga civilização. Em minha opinião, contrariando as ideias de outros investigadores, trata-se "apenas" de mais um conjunto de corais, na verdade o maior encontrado na região, que pode ser visto também em quatro das fotografias tomadas pelo *Spirit* da série *Sol 730*.

Cobertura parcial das fotos

Mas independentemente das evidências que eu vinha encontrando conforme mergulhava cada vez mais na análise das imagens do *Spirit*, periodicamente me deparava no catálogo geral de fotos (*All Raw Images*) com aqueles "tampões" negros, inseridos nos quadros de várias das fotos. Em outra sequência investigada por mim, a série *Sol 825* da câmera panorâmica, que é composta por 93 fotos, além dos sinais mais uma vez do que parecem ser fragmentos de ossos, e de antigas estruturas (construções), voltei a encontrar os nada sutis quadrados negros bloqueando parte de duas das fotografias. Existem casos que descobri onde, na verdade, boa parte das sequências fotográficas apresenta o efeito de cobertura parcial das imagens.

Na série *Sol 103*, da mesma câmera panorâmica, encontrei 11 quadros, ou fotos, apresentando o mesmo padrão de cobertura. Curiosamente, na sequência de imagens do dia seguinte,

Marte – A Verdade Encoberta

Sol 104, parece que agência espacial teve ainda mais "problemas", pois verifiquei a presença dos retângulos e quadrados negros em nada menos que 17 imagens. As áreas das fotografias com este tipo de cobertura variam, aparentemente dependendo da "necessidade". Uma das imagens, por exemplo, da série *Sol 104*, chegou a ter ¼ de sua área total ocupada por um quadrado negro. Esse efeito é visível não só cobrindo áreas do solo do planeta, mas até mesmo se sobrepondo às imagens do céu.

No caso do *Opportunity*, como já revelamos no início deste capítulo, o mistério dos quadrados e retângulos negros começou desde o primeiro dia da missão, conforme é visto claramente na série de fotos *Sol 001* da câmera panorâmica, onde já existem quatro imagens apresentando o mesmo padrão de encobrimento. Em uma dessas fotos o efeito de cobertura esta bloqueando parcialmente a imagem do *air-bag*, que havia envolvido o *Opportunity* na fase final de descida, para proteção no momento de pouso. Em outra, a última das quatro em que o efeito foi constatado por este autor, podemos ver que quando a fotografia foi batida, parte do próprio *air-bag* ainda estava sobre a estrutura do *rover*. Nessa imagem, a cobertura ocupa toda a parte inferior da imagem. Por que uma parte do equipamento de proteção de pouso do *Opportunity* teria sua imagem bloqueada? Isso não faz o menor sentido, a não ser que na área encoberta existisse mais alguma coisa.

Examinei com atenção as fotos desse dia, não só mediante a página *Sol 001* do catálogo geral do *rover*, como por meio das imagens do mosaico de fotografias postado mediante um *release* no dia 26 de janeiro (2004). O material revela que após o pouso e o esvaziamento do *air-bag*, boa parte dele ficou realmente por cima do *rover*, o que dificultaria suas manobras iniciais, colocando em risco inclusive seus equipamentos mais sensíveis.

Será que desde os primeiros momentos de sua missão o *Opportunity* já estava sendo monitorado, mediante a presença de entidades alienígenas, ou por meio de artefatos de controle? Essa presença de alguma forma foi documentada e registrada pelas imagens parcialmente encobertas, censuradas? Será que essas forças atuaram junto ao próprio *air-bag*, trabalhando para a liberação do *Opportunity*? Essas questões, diante de tudo que já observamos e descobrimos nas imagens desses *rovers*, não estão relacionadas apenas a um processo especulativo. São plenamente justificáveis e devem ser levadas a sério. Para completar todo esse mistério descobri, ao examinar as imagens desse dia, que as três primeiras fotografias obtidas revelam a movimentação no céu de uma nuvem de forma lenticular, de aspecto singular, que apresenta o que parece ser uma projeção de luz para baixo. Seria este efeito apenas uma casualidade, ou defeito, apesar de ser constatado em todas as três imagens? O que posso dizer é que não detectei nada parecido em nenhuma das outras milhares e milhares de fotos que examinei nos catálogos de ambos os *rovers*.

Imagem da série *Sol 001* da câmera panorâmica do *Opportunity* revelando a presença após o pouso de parte do *air-bag* ainda sobre sua estrutura. Parte da imagem, como pode ser visto, esta bloqueada com um retângulo negro. A ajuda ao rover pelos extraterrestres teria começado desde o primeiro dia da missão, com a retirada de parte do *air-bag* da estrutura do *Opportunity*? Outras fotos batidas no mesmo dia apresentam a mesma cobertura negra sobre parte de cada uma dessas imagens (NASA / JPL / Cornell).
http://marsrover.nasa.gov/gallery/all/1/p/001/1P128289804ESF0000P2107LM1.JPG

Um artifício já conhecido

A ufologia mundial teve contato, muitos anos antes dos *rovers* da NASA chegarem ao Planeta Vermelho, com algo bem parecido. A partir da segunda metade da década de 70, quando os grupos ufológicos e os pesquisadores norte-americanos começaram a processar agências do governo solicitando os documentos relacionados à presença dos UFOs, mediante a chamada Lei de Liberdade de Informações, houve uma grande surpresa com a liberação gradativa da documentação.

Estes documentos, que até então, segundo agências como a CIA, FBI e a Forças Armadas, não existiam, quando foram liberados traziam, em várias de suas páginas, tarjas negras encobrindo parte do conteúdo. Eu mesmo cheguei a ver documentos quase totalmente encobertos, mediante esse tipo de prerrogativa que é considerada legal. A justiça norte-americana concedeu aos ufólogos do país acesso a uma farta documentação, quebrando em parte a estrutura do acobertamento militar e governamental, mas a legislação relacionada à chamada segurança nacional, e outros conceitos de caráter no mínimo nebulosos e discutíveis, deixava claro que o acesso à verdade era parcial. Quando vejo nas imagens obtidas pelos *rovers* da NASA a presença dos quadrados e retângulos negros, ocupando parte dos quadros fotográficos, minha interpretação é exatamente a mesma: a realidade esta sendo facultada, mas não de maneira total.

Fotografia obtida pelo *Opportunity* mediante sua câmera panorâmica também no primeiro dia da missão (*Sol 001*). Como pode ser observado, existe um quadrado negro se sobrepondo a parte da imagem do *air-bag* (NASA / JPL / Cornell).
http://marsrover.nasa.gov/gallery/all/1/p/001/1P128287803EDN0000P2303L6M1.JPG

Mosaico revelador

Algumas das descobertas mais impressionantes nas imagens do Planeta Vermelho têm sido feitas diretamente nos mosaicos apresentados no já citado *Photojournal*, que englobam centenas de fotos obtidas pelos *rovers* em uma única composição. Um desses, ao qual não poderia deixar de chamar a atenção, devido a sua importância, é a imagem *PIA01907*. O quadro foi composto através de fotografias tomadas pelo *Spirit* entre os dias 814 (18 de abril) e 932 (17 de agosto) da missão, em 2006. Minha atenção para esse mosaico foi estabelecida mediante as descobertas realizadas, segundo J. P. Skipper, por Marcus Johannsen, reportadas pelo primeiro em seu site (*http://marsanomalyresearch.com/*). O panorama *MacMurdo*, como foi batizado, foi montado por nada menos de 1449 fotos, obtidas separadamente com a utilização dos inúmeros filtros coloridos do *rover*.

A primeira delas parece ser mais um fragmento de uma antiga estrutura, ou estátua.

O objeto em questão, ou melhor, a parte preservada que foi identificada, parece representar a parte da cabeça, onde podemos observar um dos olhos, parte da boca, e nariz, entre outros detalhes. A estrutura foi fotografada de perfil, o que não permite uma visão mais detalhada da parte frontal do que seria a face do monumento. Já a segunda descoberta reportada e divulgada por Skipper é tão ou mais impressionante que a primeira. Parece ser parte de um prato ou bandeja. O objeto foi fotografado várias vezes no dia 856 da missão, conforme pode ser visto no catálogo geral de imagens do *rover* (*All Raw Images*). Não é possível uma visão objetiva e definitiva do material que foi empregado para a produção dessa peça, mas seu caráter arqueológico e relacionamento com a antiga civilização é evidente. Ele possui dois níveis bem estabelecidos, como qualquer bandeja ou prato, sendo a borda mais elevada.

Examinei cada detalhe e ponto dos quadros que compõem esse mosaico. Existe o que parecem ser provavelmente fragmentos meteóricos de bólidos que atingiram o solo da região, e mais uma vez encontrei sinais das colônias de corais. Mas minhas investigações revelaram que, na verdade, toda a área está cheia de outras evidências da antiga civilização. Uma das rochas de caráter invulgar que localizei apresenta sugestivamente a forma do que parece ser um pé. Talvez outro fragmento da estrutura ou estátua, cuja parte da cabeça foi localizada por Marcus Johannsen.

Marte – A Verdade Encoberta

Outro achado que fiz em meio às minhas investigações das imagens desse mosaico é uma pequena peça, aparentemente metálica, de forma quase triangular (a parte que está visível), que pode ser vista próxima do *Spirit*, a cerca de um metro de distância. O objeto parece ter parte de sua estrutura coberta pelo terreno da região. Localizei ainda outro pequeno objeto, ou fragmento, que parece ser constituído do mesmo tipo de material, quase no limite esquerdo do mosaico. Na verdade, a quantidade de vestígios da antiga civilização não é pequena.

Outro tipo de evidência que detectei é a presença de placas ou objetos que lembram lajotas, ou alguma outra forma de piso artificial. Esses objetos são visíveis em vários pontos da região coberta pelo mosaico. Elas aparecem nas mais variadas condições, e algumas, devido à inclinação em que estão fixadas no solo na atualidade, apresentam partes de suas estruturas no ar, acima do nível da superfície. O que chama a atenção na maioria delas é o padrão geométrico, sem explicação, pelo menos se não assumirmos a realidade artificial dessas estruturas. A mesma realidade pode ser aplicada ao que notei na parte superior de um dos cumes da região. O solo apresenta um desenho, uma marca geométrica ou estrutura em sua superfície, como se fosse parte de um esquadro. O ângulo entre os dois lados do desenho é exatamente de 90 graus. Mais um dos mistérios que encontrei nesse mosaico.

Conforme aprofundei minhas buscas fui localizando objetos ainda menores, com poucos centímetros, que não pareciam também apresentar configurações ou formas que poderíamos atribuir à casualidade, ou a qualquer forma de gênese natural.

Detalhe da imagem *PIA01907* destacando um dos inúmeros vestígios de antigas construções. Na imagem pode ser vista uma espécie de laje de forma nitidamente geométrica (NASA / JPL / Cornell).
http://photojournal.jpl.nasa.gov/jpeg/PIA01907.jpg

Escultura de um leão?

Voltando a falar das descobertas do *Opportunity*, outra sequência reveladora são as fotos tomadas no dia 901 da missão. Ao examinar a série de imagens *Sol 901* da câmera panorâmica encontrei outros sinais reveladoras de uma espécie de mundo e realidade bem diferentes do conteúdo dos *releases* e informações oficiais da agência espacial.

Logo na primeira sequência de imagens, nas quatro primeiras fotografias, detectei a presença de um objeto, ou rocha, com o já mencionado sinal de um polimento especial, em forma de um *igloo*. Mas a forma mais interessante que localizei em meio às 134 fotografias tomadas pela referida câmera, mais uma vez visível em quatro imagens, lembra muito a forma de um leão. Essa rocha, que parece ter sido esculpida para representar a forma de um animal, é muito curiosa, e se destaca do padrão geológico de todas as demais documentadas nesse dia. Infelizmente a estrutura esta distante o suficiente do *rover* para não podermos ter uma imagem com mais definição, passível de uma confirmação de sua natureza.

Cratera Victoria

Após 952 dias depois do inicio de sua missão, o *Opportunitty* chegou finalmente à beira da cratera *Victoria*, entre as regiões conhecidas como Bahia do Pato (*Duck Bay*) e Cabo Verde. A cratera, com 800 metros de diâmetro, havia se tornado um dos principais objetivos a serem alcançados pelo *rover*, após a descoberta de que o "milagre" dos eventos de limpeza de seus painéis solares, poderia estender por anos suas atividades.

A partir das imagens espaciais obtidas mediante as espaçonaves na órbita do planeta, entretanto, não havia sido detectado, pelo menos não tenho informação, nada que indicasse que a região da cratera *Victoria* seria um novo, e na verdade extremamente importante centro para as nossas investigações sobre a antiga civilização.

Imagem do chamado Cabo de São Vicente na cratera *Victoria* obtida pela câmera panorâmica do *Opportunity* no dia 7 de maio de 2007 (*Sol 1167*). A ampliação dessa fotografia revelou a existências de inúmeros vestígios da antiga civilização que existiu no passado no planeta. Foto (NASA / JPL / Cornell).
http://marsrovers.jpl.nasa.gov/gallery/all/1/p/1167/1P231787877EFF820TP2417L6M1.JPG

Apesar dos sinais e vestígios da antiga civilização, que costumeiramente vinham sendo encontrados pelo *rover* conforme se movimentava pelo solo do planeta, as grandes descobertas na região começaram a ser realizadas no dia 970 da missão. No site *Photojournal* existem vários mosaicos montados mediante as fotos obtidas nesse dia por meio da câmera panorâmica. Esses conjuntos de fotos, que documentam em primeiro plano o chamado Cabo Verde, apresentam como uma visão em segundo plano uma série de estruturas gigantescas com características de artificialidade, com dezenas de metros de tamanho em vários dos outros "cabos", que se projetam em direção ao centro da depressão (cratera), onde se destaca um monumento que parece ser um grande portal talhado na rocha. Podemos destacar entre esses mosaicos as imagens *PIA09082* e *PIA09085*. Em 7 de Novembro de 2006 (*Sol 991*), vinte e um dias depois, o *Opportunity* obteve mais imagens da mesma área, permitindo a geração de um outro mosaico ainda mais completo, documentando boa parte da circunferência da cratera, possibilitando uma visão magnífica. Esse terceiro mosaico pode ser localizado no mesmo site mediante a identificação *PIA09104*. Mas as grandes descobertas estavam apenas começando.

Duzentos dias depois de sua chegada à cratera *Victoria*,

O *Opportunity* finalmente se aproximou e obteve as primeiras fotos da região conhecida como Cabo São Vicente. Duas das fotos do dia 1164 da câmera de navegação revelaram as primeiras imagens de uma das áreas críticas onde eu e outros investigadores concentraríamos maior interesse. Uma área tão rica em descobertas que só podia ser comparada às nossas noções iniciais sobre *Cydonia*. Mas essas fotos iniciais careciam de um nível maior de definição; afinal, haviam sido obtidas com o equipamento fotográfico de navegação, e na verdade não possibilitaram uma real mensuração das pontencialidades da região que havia sido documentada, realidade que começou a mudar mediante a série de fotos *Sol 1166* obtida pela câmera panorâmica. Na verdade, nesse dia foi tomada uma única foto do chamado Cabo de São Vicente, mas que já permitiu as primeiras descobertas. No dia seguinte o *Opportunity* bateria nada menos que 24 fotografias com sua câmera panorâmica, repetindo o mesmo enquadramento, utilizando seus inúmeros filtros, e isso não foi feito por acaso, com certeza.

Na parte superior esquerda uma misteriosa entrada para o interior da estrutura rochosa da cratera (*Victoria*). Na outra área destacada da imagem (quase no centro) a estátua de um *gray* esculpida na parede rochosa. Na área inferior direita uma estrutura de base geométrica apresentando um grau de polimento claramente artificial (NASA / JPL / Caltech / Cornell University) http://photojournal.jpl.nasa.gov/jpeg/PIA10210.jpg

Ampliação da área da cratera *Victoria* onde pode ser observada a estátua de um *gray*. A estrutura possui cerca de 3,5 metros de altura (NASA / JPL / Caltech / Cornell University)
http://photojournal.jpl.nasa.gov/jpeg/PIA10210.jpg

Detalhe da misteriosa abertura para o interior da parede rochosa na cratera *Victoria* (NASA / JPL / Caltech / Cornell University).
http://photojournal.jpl.nasa.gov/jpeg/PIA10210.jpg

A primeira coisa que se destaca nessa sequência de imagens obtidas no dia 7 de maio de 2007 (*Sol 1167*) é o que parece ser de início, sem uma observação mais cuidadosa, apenas uma rocha de forma e aparência um pouco invulgares. Mas ao verificar a imagem do objeto, inclusive nas diferentes fotos, tomadas como já ressaltamos com os mais diferentes filtros, a ideia da rocha desapareceu de minha mente. Acredito que estamos diante de uma peça, uma parte totalmente artificial de uma antiga estrutura, ou construção. Por cima da "rocha" podemos ver inclusive o que parece ser um segundo material, também de base artificial, que recobre parte do objeto, como se fosse uma massa comparável às de utilização em nossas construções na Terra.

Um exame da totalidade dos quadros obtidos dessa região revelou mais curiosidades em termos dos já muito comentados cortes especiais em pedras e rochas, incluindo ainda o que parecia ser a silhueta de uma estátua entalhada na estrutura rochosa da área. Mas a verdade é que o nível de definição das imagens, mesmo da câmera panorâmica do *Opportunity*, disponibilizadas no catálogo geral no site *Mars Exploration Rover*, no presente caso deixa a desejar, já que os objetos de interesse estavam distantes das câmeras ao serem fotografados.

Imagem inacreditável

Acabei encontrando as fotos de meu interesse da série *Sol 1167* da câmera panorâmica com alta definição, mediante o mosaico de imagens *PIA10210* no já mencionado *Photojournal*, construído mediante a combinação matemática de 16 filtros azuis, que possibilitaram uma imagem inacreditável, onde dezenas de objetos e estruturas artificiais relacionados à antiga civilização são visíveis.

Se o primeiro objeto que destaquei, observado com a definição inferior, já havia me chamado a atenção, com esse novo padrão de visualização a certeza de sua natureza ficou ainda mais solidificada. O aspecto da cobertura que o envolve é algo realmente impressionante. Além da forma inusitada e invulgar da "rocha", a existência desse material, ou massa, associado a ele, é algo que deve ser ressaltado mais uma vez, como evidência de sua artificialidade. A primeira impressão que tive foi de algo metálico derretido sobre ele, e que depois se solidificou, mas hoje a ideia de uma massa do tipo que é utilizada em nossa construção civil parece mais perto da realidade.

Imagem de uma das "rochas" encontradas no interior da cratera *Victoria* que apresentam sinais de artificialidade. Como pode ser observado, parte do objeto esta coberta com uma espécie de massa brilhante, ou coisa equivalente (NASA / JPL / Caltech / Cornell University).
http://photojournal.jpl.nasa.gov/jpeg/PIA10210.jpg

Um dos aspectos que temos que ter em mente ao analisar as

Marte – A Verdade Encoberta

descobertas de base arqueológica realizadas por mim e outros investigadores, é o fato da cratera em passado remoto ter sido coberta por água em estado líquido. Esta realidade e constatação inclusive pode servir, se formos atentos, para datarmos a antiguidade do que foi encontrado, pelo menos dentro de certos limites. As encostas da cratera *Victoria* apresentam uma série de vestígios e linhas sinuosas erodidas justamente pelo precioso líquido. Ou seja, qualquer estrutura natural, ou artificial, que não apresente os sinais de contato com água "chegou" à cratera após o período de tempo em que ela permaneceu inundada. Pois bem, existem vários objetos em *Victoria* sem a assinatura deixada pela água.

A descoberta de uma estátua

O ícone dos sinais da antiga civilização na cratera é sem dúvida a forma que já parecia representar uma espécie de estátua talhada na estrutura rochosa do Cabo São Vicente, mesmo quando observada sem a devida definição. Mediante a imagem *PIA 10210*, temos um nível de definição que deixa qualquer forma de dúvida de lado. Estamos realmente diante de uma escultura em rocha de incrível precisão e esmero, representando a forma, curiosamente, de um dos tipos de extraterrestres mais relatados dentro do atual processo de abdução em nosso planeta. O primeiro detalhe que me chamou a atenção quando observei essa imagem pela primeira vez, após constatar a forma da entidade alienígena reproduzida, foi o fato do tipo alienígena ali reproduzido em pedra ter sido estilizado, esculpido, apresentando a chamada "barba falsa" egípcia. Uma espécie de prolongamento do queixo, que significava nobreza, divindade, ou as duas coisas, para os antigos habitantes. Esse detalhe, como o leitor já tem conhecimento nesta altura da obra, não é o primeiro a relacionar os antigos habitantes do Egito e sua civilização com o que estamos descobrindo no Planeta Vermelho.

A impressionante figura descoberta pelas câmeras do *Opportunity* possui aproximadamente 3,5 metros de altura, e foi esculpida a meia altura, se formos usar como base para mensuração os limites superiores e inferiores da encosta rochosa que serviu de base para seu entalhe. Outra coisa que chama atenção é o tipo de trabalho realizado na rocha. Parece que o mesmo método de escavar a rocha, princípio artístico utilizado no Antigo Egito, foi reproduzido na cratera *Victoria*, mas existe um "problema": a escultura do *gray* descoberto em Marte com certeza é no mínimo milhares de anos mais antiga do que as obras estudadas por nossa arqueologia no planeta Terra.

Existe um detalhe que quebra qualquer tentativa cética de mais uma vez utilizar o milagre do vento, ou da água, para justificar o aparecimento da inusitada forma. A estátua do alienígena não apresenta qualquer sinal de ter tido contato com a água e seus efeitos erosivos, ao contrário do padrão facilmente constatado na estrutura rochosa ao seu redor, que apresenta inegáveis sinais na forma das já mencionadas linhas deixadas por milhares e milhares de anos, no mínimo, de contato. Ou seja, estamos diante de uma escultura produzida já na época em que a região estava livre da água.

A mesma ausência de sinais de erosão por água é visível perfeitamente em outro objeto pouco abaixo e mais para a direita da escultura da entidade extraterrestre. Trata-se aparentemente de uma parte da própria estrutura geológica também da região, mas que também sofreu o trabalho técnico e artístico desenvolvido por membros da antiga civilização. Chama atenção, além dos cortes geométricos precisos, que dividem a estrutura em vários lados, o nível de polimento do exemplar. Nesse caso não estou falando simplesmente de uma rocha com um de seus lados cortados, ou de um fragmento de uma antiga estrutura, mas de um objeto talhado com um nível de precisão que permanece completo e exibindo sua geometria, a cerca de mais de 30 metros acima do nível do fundo da cratera, e como já ressaltei, muito próximo de outra obra dos antigos habitantes da região (escultura do *gray*). Mas abaixo dessa misteriosa estrutura constatei a presença de outras "anomalias", como outras partes da estrutura geológica da encosta que parecem ter sofrido também algum tipo de manipulação, mediante outros cortes precisos. O destaque nesse setor é um objeto alongado de natureza artificial, cuja estrutura e material são distintos também das rochas dessa área da encosta. Tal objeto parece limitar e se sobrepor a um dos limites de uma cavidade ou abertura presente na estrutura geológica.

Mas as similitudes entre Marte e o Antigo Egito em *Victoria* não terminam com a associação dos detalhes que já vimos. Se, em vez de buscarmos observar o que existe no chamado Cabo de São Vicente abaixo da enigmática representação do ser extraplanetário, voltarmos nossa atenção para a parte superior da imagem, passando a mesma no computador com toda atenção, descobriremos pouco acima da figura do *gray* (10 metros acima), o que parece ser uma entrada para o interior da estrutura rochosa da encosta, que exibe de maneira surpreendente o mesmo padrão das aberturas que davam acesso às tumbas egípcias encravadas na rocha. O tamanho dessa abertura permitiria a entrada em pé de um humano de nosso planeta. Essa "porta" está, entretanto, a cerca de 45 metros de altura. Para chegar até ela seria necessário uma escada enorme, ou um grande andaime. Isso, é claro, se seus construtores não possuíssem alguma outra forma para se elevarem até o ponto. Mesmo hoje ainda é perfeitamente visível na imagem apresentada no *Photojournal* a existência de uma espécie de envoltório ao redor da própria entrada, ou abertura, como se fosse uma espécie de moldura, ou reforço. Na sua parte inferior essa abertura é totalmente plana (reta).

Se continuarmos subindo em direção ao limite superior da cratera, encontramos um pouco mais para a esquerda da fotografia outra forma, ou estrutura claramente artificial. Não sei o seu sentido e objetivo, mas a base geométrica do conjunto mais uma vez é evidente. Pode se tratar de mais uma entrada para algo dentro da estrutura geológica da região, mas em minha opinião trata-se provavelmente dos restos de uma antiga construção.

Complexo arqueológico

Além desses objetos e sinais da atividade alienígena no passado na região, encontrei muitos outros vestígios dessa presença, inclusive na área mais baixa da imagem, já no fundo da cratera. Na verdade, por toda parte do quadro montado com as fotos do dia 7 de maio de 2007 (*Sol 1167*), as evidência da presença de um antigo complexo de estruturas são mais que perceptíveis. No limite esquerdo e quase já na parte superior da cratera, encontrei, nos momentos em que redigia este capítulo, outros fragmentos das antigas construções que, em um tempo que ainda buscamos documentar, ou mensurar, existiram antes do grande cataclismo. O que me chamou a atenção em dois dos objetos que localizei na área, além de não apresentarem sinais de serem rochas, são as marcas que são visíveis na superfície de cada um deles, na forma de relevo.

Uma moeda é localizada em Marte

Voltando a falar das descobertas mencionadas por J. P. Skipper, uma das mais surpreendentes é a que parece ser uma moeda, localizada, segundo o investigador, por Edward Findley, nas imagens obtidas pelo *Spirit* no dia 1220 da missão do *rover*. Examinei com atenção também toda a série de fotos tomadas na data, na busca de outras evidências, já que normalmente encontramos de maneira comum mais de um artefato nos locais onde são localizados os sinais e vestígios da antiga civilização, da mesma maneira que ocorre normalmente nas pesquisas arqueológicas desenvolvidas em nosso planeta. Mas nesse caso específico não encontrei outros sinais, pelo menos no que diz respeito a coisas que realmente pudessem ser levadas a sério.

Mas falando do objeto encontrado, ele foi documentado em 9 das 95 imagens da série *Sol 1220* da câmera panorâmica, com diferentes enquadramentos e filtros distintos, que permitiram uma visão bem razoável do inusitado e surpreendente artefato. Existiram no Planeta Vermelho realmente moedas?

Qual a finalidade, sentido, e natureza do objeto descoberto? Estaria relacionado a alguma forma de valor em atividades comerciais, ou se tratava de apenas uma peça decorativa? São questões para as quais, evidentemente, no atual momento das investigações não tenho resposta.

Outra série de imagens realçada pelo mesmo pesquisador (Skipper), são as duas fotografias batidas no dia 1304 pelo *Spirit* mediante a câmera *Rear Hazcan*. Essas imagens apresentam exatamente a mesma visão do solo do planeta, onde podemos observar uma série de rochas, ou restos de antigas construções, que apresentam padrões geométricos. O pesquisador, no mesmo informe em seu site, (*http://www.marsanomalyresearch.com*) apresenta ainda outra descoberta para a qual não poderia deixar de chamar a atenção e endossar, depois que verifiquei como de costume os originais, no site da agência espacial (NASA). Estou falando de um curioso objeto que aparece claramente em cinco das 25 fotografias tomadas pelo mesmo *rover* mediante seu sistema de imagens panorâmicas, no dia 1402 da missão. Trata-se indiscutivelmente de uma estrutura artificial, de forma cônica e simétrica, que lembra até certo ponto a forma de uma barraca indígena, apesar de sua dimensão pequena, e de sua natureza não ser algo compatível com essa ideia, utilizada apenas para visualização da forma do objeto. A estrutura apresenta inclusive uma abertura para o seu interior, o

Uma das fotografias da série *Sol 1402* obtida pela câmera panorâmica do *Spirit*. Na parte central da imagem podemos notar um misterioso objeto de natureza claramente artificial (NASA / JPL).
http://marsrovers.jpl.nasa.gov/gallery/all/2/p/1402/2P25 0825588EFFAW9DP2432R1M1.JPG

que me ajudou a fazer a comparação relacionada à forma. Outro detalhe que reparei, ainda associado ao mesmo objeto, é a presença e existência de alguma base plana onde podem ser notadas algumas ripas, lembrando pedaços de madeira.

Mais descobertas

Mas ao examinar a série de fotos *Sol 1402*, da câmera panorâmica do *Spirit*, acabei realizando outra descoberta relacionada aos sinais de vida animal no passado remoto do planeta. Além de várias rochas apresentarem sinais de contato com a água durante um longo período, exibindo as já mencionadas linhas de erosão, encontrei em várias das fotos tomadas nesse dia a presença de outras formações apresentando padrões muito semelhantes às colônias de corais encontradas em várias partes de nosso planeta.

A polêmica imagem do "ET" de West Valley

Uma das imagens mais polêmicas da história da exploração do Planeta Vermelho foi obtida pelo *Spirit* no dia 1367 (7 de novembro de 2007), mas as discussões começaram na verdade no início do ano seguinte, quando houve a divulgação pela agência espacial do sugestivo material. Na página do referido dia presente no catálogo geral específico da missão (*All Raw Images*) existem 60 fotografias, e o objeto de nosso interesse aparece logo nas primeiras quatro fotografias. Para a grande maioria dos pesquisadores independentes das imagens espaciais, conforme prontamente fizeram questão de revelar, estaríamos diante de uma estátua representando uma entidade alienígena. Minha impressão, após localizar as imagens originais, não foi nesse caso das melhores. Ao contrário do que a maioria parecia imaginar, a figura que vinha despertando calorosos debates tinha poucos centímetros de altura e parecia claramente associada a uma rocha fotografada a curtíssima distância pela câmera panorâmica do *rover*. As imagens obtidas no dia, juntamente com outras que já haviam sido tomadas antes, e outras que foram ainda conseguidas nos dias seguintes, acabaram publicadas no site *Photojournal* em vários mosaicos, publicados simultaneamente e em conjunto, como as identificações *PIA10214, PIA10215, PIA10216*. Esses mosaicos respectivamente apresentam uma visão da região em cor falsa, 3D, e cor natural, mediante os quais os estudos foram mais ampliados pelo nível de definição superior.

Quando observamos essas imagens de maior definição, e ampliamos o objeto de nosso interesse, realmente surge uma pequena figura antropomórfica, mas em minha opinião indiscutivelmente associada, segundo os estudos que realizei, utilizando modificações de tonalidade, contraste e cor, à própria rocha que já havia mencionado. Ou seja, estamos diante de uma casualidade, que permitiu mediante erosão o aparecimento dessa sugestiva forma, ou alguém realmente a esculpiu em um prolongamento da própria estrutura rochosa. Cheguei a escrever sobre essa descoberta na época, colocando a opinião de que estávamos diante realmente de uma forma realmente curiosa, mas que seria apenas uma casualidade, apenas um prolongamento da própria rocha que casualmente lembrava uma pequena estatueta, mas hoje, depois de analisar com mais profundidade a forma, e principalmente todos os quadros que formam esses mosaicos da região, dou o benefício da dúvida. Não tenho hoje tanta certeza de que se trate apenas de uma ilusão. Podemos estar diante de algo significativo.

Além dos detalhes que a própria forma apresenta, como duas formas ovais na parte frontal do que seria a cabeça da estatueta (olhos?), a verdade é que achei nesses mosaicos formados por dezenas e dezenas de quatros dessa região, vários outros sinais de artificialidade, como pedras com cortes precisos, etc. Este tipo de constatação acabou me levando a fazer mais recentemente um questionamento: será que o famosa figura do alienígena de *West Valley* não poderia realmente representar uma forma de escultura talhada na própria rocha? Hoje não descarto esta possibilidade.

Uma sequência supreendente

Outra série impressionante de imagens foi obtida pelo *Spirit* mediante sua câmera panorâmica no dia 1526 da missão. Examinei cada uma das fotos obtidas nesse dia para verificar os detalhes descobertos antes por outros investigadores. O pesquisador português José Garrido (http://ovni.do.sapo.pt) identificou, nas imagens obtidas nessa série, vários destroços, fragmentos de antigas estruturas. Já Michael Middleton revelou e apresentou uma estrutura que parece claramente um crânio de aparência humanóide, mas bem diferenciado do *Homo sapiens sapiens* (homem), facilmente perceptível em quatro das 28 fotografias tomadas pela câmera no referido dia, conforme pude verificar pessoalmente. Chama a atenção a tonalidade do objeto (bem mais claro) e sua capacidade reflexiva em relação à luz solar, que o faz brilhar. É totalmente diferente das rochas e solo da região. À sua direita, e muito próximo, existe outra forma lembrando a cabeça de um *gray*, e bem na sua frente uma outra estrutura invulgar, não identificada, que não parece ser uma rocha, pelo menos em um estado natural.

Multiplas datações

Uma questão que me veio à cabeça mais recentemente, justamente quando escrevia estas linhas, está relacionada diretamente à possibilidade de múltiplas datações para os achados de base arqueológica, que eu e os outros investigadores fizemos ao analisarmos as fotos. A que limites temporais, ou de antiguidade, os monumentos e outros vestígios da antiga civilização marciana, estariam associados? Quanto mais penso nas descobertas nas imagens tomadas pelas espaçonaves a partir da órbita do planeta, e pelos *rovers*, acredito que provavelmente podemos estar diante de achados com as mais variadas datações, e que podem estar separados por milhares, ou mesmo milhões de anos. Dentro dessa perspectiva, pelo menos em tese, dentro de nosso atual estado de conhecimentos, podemos estar

Marte – A Verdade Encoberta

diante inclusive de vários ciclos civilizatórios, ou civilizações, da mesma maneira que aconteceu na Terra.

O desaparecimento de um objeto

Outra descoberta extremamente relevante chegou às minhas mãos pelo amigo e pesquisador Arthur Moreira Martins, editor do jornal *Ufoanamnese*, que circula de maneira dirigida pela internet. *Tuco Kpax Space*, como é conhecido no meio ufológico este investigador, me enviou um *mail* com três imagens obtidas pelo *Spirit* dentro de um período de dez dias, documentando uma mesma região, onde teria acontecido mais um desses mistérios relacionados ao planeta. As fotos foram obtidas nos dias 1833, 1836 e 1843 da missão do *rover*, e mostram realmente algo inusitado e sem explicação.

De início Arthur havia recebido uma imagem de um amigo, com um pedido de investigação, pois supostamente em outra foto da mesma área podia ser observado um misterioso objeto, de padrão invulgar, que não constava da foto enviada.

Mediante a internet, conforme me explicou, ele localizou mais duas fotos associadas ao mistério. Na primeira, tomada no dia 1833, pôde constatar a veracidade da informação recebida. A imagem revelava realmente uma estranha rocha, ou objeto, em um local onde, na foto recebida por meio de seu amigo, não havia mais nada. O investigador foi mais a frente, e acabou localizando, em uma terceira imagem, obtida sete dias depois da foto que havia recebido, o "retorno" do mesmo objeto, mas já em uma outra posição, trazendo mais mistério para a situação.

De posse dessas informações e imagens, fui em busca da confirmação de toda a história no catálogo fotográfico do *rover*. Tuco já havia me passado os dias em que as três fotos haviam sido conseguidas, mas não tinha tido acesso a mais detalhes, ou verificado os originais no site da agência espacial. Verifiquei primeiro as sequências de fotos dos três dias da câmera panorâmica, mas não encontrei as imagens no site. Devido à angulação presente nas três fotografias, se as fotos fossem realmente verdadeiras, teriam que estar nos arquivos da câmera de navegação do *Spirit,* pois os outros sistemas fotográficos do *Spirit* não podem apresentar as características visualizadas nas imagens em questão. Não foi difícl encontrar o material e pude confirmar que as imagens eram realmente, como tudo parecia indicar, autênticas. Todas haviam sido obtidas pelo sistema fotografico de navegação do *rover.*

Descobri que o misterioso objeto ou rocha havia sido fotografado na verdade duas vezes pela câmera de navegação no dia 1833 (*Sol 1833*), exatamente na mesma posição (nas duas fotos), e como já havia constatado em outras situações em que aparecem anomalias desse tipo, vários quadros ou fotos da sequência desse dia foram encobertas parcialmente com os já conhecidos quadrados ou retângulos negros. Pude confirmar também, examinando o material original da série *Sol 1836*, obtido três dias depois, que o objeto, ou rocha, havia real-

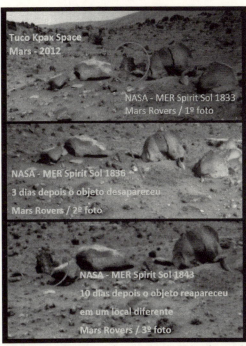

Imagens da série *Sol 1833, 1836* e *1843* da câmera de navegação do *Spirit*. Quadro comparativo montado pelo pesquisador Arthur Moreira Martins (*Tuco Kpax Space*). Uma das estruturas visíveis na primeira imagem não é visível na segunda fotografia da mesma região fotografada três dias depois, mas reaparece de maneira surpreendente em outra foto tomada dez dias mais tarde. (NASA / JPL).
http://marsrovers.jpl.nasa.gov/gallery/all/spirit_n1833.html
http://marsrovers.jpl.nasa.gov/gallery/all/spirit_n1836.html
http://marsrovers.jpl.nasa.gov/gallery/all/spirit_n1843.html

mente desaparecido, como que por passe de mágica. Também nessa série de imagens, várias das fotografias apresentam parte de seus quadros encobertos com o mesmo tipo de artifício negro. Mas como já havia sido alertado por Arthur Moreira Martins, o mistério não acabava com o desaparecimento do objeto. Realmente, pude constatar, examinando os originais da série *Sol 1843* da câmera de navegação do *Spirit* que, ao fotografar por duas vezes novamente a mesma região o *rover* havia constatado o retorno do objeto, ou rocha, só que agora mais à esquerda da posição que ocupava nas duas fotos tomadas no dia 1833.

Mas como explicar esses fatos? Como um objeto ou rocha de tamanho razoável pode desaparecer de uma região do solo do planeta para voltar a ter sua presença constatada dias depois em outro ponto? Os acontecimentos verificados e documentados mediante as sequências *Sol 1833, 1836* e *1843* da câmera de navegação do *Spirit* constituem mais uma evidência de que existia alguém acompanhando a trajetória de investigação de nossos *rovers*. A censura estampada em parte dos quadros (fotos) dos dois primeiros dias que envolvem mais este mistério é sinal de que algo muito especial estava realmente acontecendo em torno dos *rovers*. Mas o que era esse objeto? Era algo que podia se mover, ou apenas uma rocha que foi movimentada e retirada de cena e depois devolvida por alguém interessado em mostrar sua presença?

Os últimos dias do Spirit

O *Spirit* tomou suas últimas fotos no dia 2208 de sua missão, mediante o sistema panorâmico de imagens. Ele funcionava já desde abril de 2009 apenas como uma plataforma científica, pois estava já imóvel, atolado, com suas rodas semienterradas, depois que uma dessas foi comprometida de maneira definitiva. Apesar da transmissão de inúmeros comandos visando libertá-lo, isso não foi possível. As últimas imagens do sistema panorâmico que vinham sendo tomadas não passavam de fotografias do Sol, obtidas para estudos atmosféricos, mas até o último momento de sua gloriosa e reveladora missão ele transcendeu as expectativas, pelo menos no que diz respeito aos seus objetivos oficiais. O *rover* "morreu" cercado de sinais da antiga civilização. Outro detalhe digno de ser ressaltado é que as fotos obtidas documentando os painéis solares revelam que já no final de sua missão o *rover* parece ter sido abandonado pelos responsáveis pelas misteriosas limpezas de sua estrutura superior. Imagens da câmera panorâmica da série *Sol 1994*, e de outras na mesma época, revelavam que a situação dos painéis já estava ficando crítica, e que a falência do sistema de captação de energia solar era uma questão de poucas semanas. Parece que com a perda de sua mobilidade, e falta de capacidade de se dirigir a outros sítios para investigar sinais da vida no passado (fósseis), e a busca de evidências de outros polos civilizatórios, o *Spirit* finalmente deixou de sofrer as manutenções corretivas relacionadas à geração de energia.

Dois mil cento e dezenove dias após o início de sua missão o *Spirit* continuava mediante a retirada periódica da poeira em sua estrutura superior operando normalmente. Qual significado, ou motivo para essa cobertura negra se sobrepondo a imagem de parte de seus painéis? Várias das outras fotos tomadas pela câmera panorâmica no mesmo dia apresentam o padrão de cobertura, ou sigilo. (NASA / JPL)
http://marsrovers.jpl.nasa.gov/gallery/all/2/ p/2119/2P314483155EFFB292P2564L3M5.JPG

Mas antes desse colapso final, as últimas fotos apresentando uma visão geral dos arredores revelaram realmente vários sinais de artificialidade. Elas foram obtidas pela câmera de navegação no dia 2175 da missão. Essa sequência apresenta seis imagens, com três enquadramentos distintos, e em dois desses campos (enquadramentos) detectei coisas interessantes.

As duas primeiras imagens revelam na parte superior o que parece ser a representação de uma cabeça (não seria um fóssil), mas dessa vez com toda certeza a forma que aparece reproduzida não guarda a menor semelhança com a forma humana, ou mesmo com a de animais conhecidos em nosso planeta. A simetria é perfeita. Em ambas as fotos, tomadas com uma ligeira diferenciação angular, são perfeitamente perceptíveis os dois olhos, nariz, etc. Próximo a este objeto, à esquerda, notei a presença de uma espécie de placa apresentando claramente padrões geométricos. Mas isso não é tudo. Examinando ainda as mesmas fotografias dessa região do solo situada nas proximidades do *rover*, percebi a existência do que parece ser uma espécie de lajota, de base perfeitamente geométrica. O interessante é que parte desse objeto se encontra no ar, devido à inclinação em que se encontra fixado ao terreno. Essa estrutura esta situada na parte direita das imagens, mais abaixo da posição dos objetos anteriores.

O segundo enquadramento da região, visível nas duas imagens seguintes, não apresenta nada de mais relevante, mas na quinta e na sexta fotografias da série (terceiro enquadramento), mais uma vez pude notar a presença de objetos curiosos. Existem dois fragmentos do que parece ter sido outra estrutura artificial. As formas são realmente inusitadas e dificilmente poderiam ter sido forjados naturalmente, por processos geológicos ou erosivos.

Depois de ter tido sua missão estendida e multiplicada em termos de duração várias vezes, levando-se em conta a estimativa inicial de 90 dias prevista pela própria agência espacial, no dia 2210 da missão o Laboratório de Propulsão a Jato da NASA, em Pasadena, na Califórnia, ainda tentou contatar o *Spirit*, mas obteve apenas silêncio. A mesma coisa foi feita ainda nos dias que se seguiram, com o mesmo tipo de resultado. Tinha finalmente chegado ao fim uma das missões mais impressionantes de nosso programa espacial. O *rover* deixou para a humanidade um legado mais do que revelador sobre o passado misterioso do planeta, a presença de vida, e a existência de sítios arqueológicos relacionados aos seus antigos habitantes.

Um milagre chamado *Opportunity*

Na mesma época em que o *Spirit* finalmente era considerado perdido e a missão encerrada, o *Opportunity*, do outro lado do planeta, estava ainda em perfeito estado e seguia se movimentando pelo solo marciano. Poucos dias antes do *Spirit* ser declarado perdido, o *Opportunity* obteve outras imagens documentando rochas inusitadas, apresentando sinais de artificialidade no solo do planeta. Localizei pessoalmente várias fotos apresentando material (rochas) com padrão geométrico dentro da série *Sol 2161* da câmera panorâmica. No total, foram obtidas pelo sistema panorâmico nesse dia da missão 22 imagens, sendo que duas documentam na verdade o Sol. O material mais importante fotografado na oportunidade está associado às seis primeiras fotografias, que documentam a região nas proximidades do *rover*, com dois enquadramentos distintos. Em uma região englobando poucos metros quadrados cheguei a localizar mais de dez rochas apresentando sinais de artificialidade, cortes perfeitos, etc.

Gigantes na cratera Endeavour

Mas as fotos e achados que acabei de mencionar não são nada se comparadas ao que ainda seria descoberto pelo *Opportunity*. Alguns de meus achados aconteceram aparentemente por um golpe de sorte, se é que posso realmente definir dessa forma o que aconteceu várias vezes ao longo dessa minha jornada em busca da verdade sobre Marte.

O caso das descobertas na região da cratera *Endeavour,* explorada pelo *rover* a partir do dia 9 de agosto de 2011, mais especificamente da área ao redor da pequena cratera *Odyssey,* é um bom exemplo desse tipo de realidade. No dia em questão eu não pretendia fazer qualquer forma de busca mais apurada como realizei ao longo de anos, e continuo a fazer nos dias atuais, mas resolvi entrar e permanecer por alguns minutos no site *Photojournal* para ver algumas fotos de maneira inclusive ale-

Marte – A Verdade Encoberta

atória, sem seguir a sequenciamento natural das imagens por data ou ordem cronológica. Um tipo de prazer que desenvolvi mediante meus sonhos de infância e adolescência, relacionados ao desejo de acompanhar de perto nossas missões espaciais. Lembro perfeitamente o quanto a chegada da *Mariner 9* ao planeta havia estimulado minha imaginação, interesse, e sobretudo o desejo de saber o que de fato existia ali, porém há mais de quarenta anos atrás esta possibilidade não existia. Só era facultado à humanidade, inclusive em termos de imagens, estritamente o básico, que não comprometeria o processo de acobertamento mundial sobre as possibilidades de vida fora da Terra.

Como de costume, entrei na página inicial do site e cliquei em cima da imagem de Marte, para abrir a sequência de imagens do planeta, e em seguida selecionei a missão (*Mars Exploration Rover*). Por uma questão para mim hoje ainda desconhecida, resolvi abrir a página da imagem *PIA14509,* e, após fazer isso, mesmo sem ter visto nada de especial no pequeno quadro no canto superior esquerdo, que apresenta a imagem do mosaico de fotografias, cliquei em cima para ter uma visão um pouco mais detalhada. Mesmo ainda sem uma definição maior o quadro já revelava os primeiros sinais de algo realmente surpreendente. Para ser sincero com o leitor, quando realizo esse trabalho de busca, mesmo nessas ocasiões mais despretensiosas e rápidas, aposto na existência de algo maior por trás desse meu trabalho. Tenho em mente que os sinais da antiga civilização, ou mesmo relacionados à presença alienígena no presente, estão lá para serem achados, seja por mim ou outro investigador. É uma questão de acreditar nos sentidos maiores do trabalho, e na realidade de uma "conspiração" cósmica a favor da verdade. Se isso é um fato é outra história, mas se você acredita nessa realidade, você passa a ter a capacidade de transformar essa possibilidade em algo real, e poderá ser realmente guiado, dirigido mesmo. O caso da descoberta das ruínas da cratera *Endeavour* está relacionado a esse tipo de fenômeno mágico, e probabilisticamente improvável, mas que se manifestou em várias oportunidades ao longo desse meu trabalho.

Imagem *PIA14509* apresentada no site *Photojournal* documentando a região da cratera *Endeavour*, tendo em primeiro plano a pequena cratera *Odyssey*, explorada pelo *Opportunity* a partir do dia 9 de agosto de 2011, onde foram descobertas várias reproduções em pedra de cabeças de seres com diferentes formas, ou origens (NASA / JPL / Caltech / Cornell / ASU).
http://photojournal.jpl.nasa.gov/jpeg/PIA14509.jpg

Cabeça humanóide

A primeira coisa que observei, ainda antes de buscar as duas possibilidades de ampliação e definição maiores do mosaico, foi uma cabeça gigantesca esculpida em uma única rocha. A estrutura apresenta feições humanóides com características peculiares, que fazem com que o modelo seja distinto, pelo menos em seus detalhes básicos, de uma face humana. Uma observação mais detalhada, ainda com a mesma definição, possibilitou a certeza de que não estava diante de algo singular, mas que na região pareciam existir outras estruturas ou esculturas com o mesmo tipo de padrão, noção que foi confirmada quando passei a observar o mosaico de imagens da área com maior ampliação e definição. Localizei mais quatro cabeças de grande porte, com várias toneladas de peso, cada uma delas representando um tipo físico distinto. São totalmente diferentes entre si. Apesar de apresentarem claramente os olhos, nariz, boca, etc. estão longe de representarem os traços faciais das raças humanas de nosso planeta. A maior delas é a que apresenta em maior escala sinais dos efeitos erosivos. Está parcialmente enterrada, ao contrário das outras que localizei, posicionadas acima do solo.

A natureza do trabalho desenvolvido nesse caso pelos antigos habitantes do planeta é diferente do realizado em outras estruturas e formas talhadas nas rochas do planeta. Na cratera *Victoria*, por exemplo, o *gray* foi esculpido e lapidado na parede rochosa da cratera, para ali permanecer, em meio a outras estruturas moldadas pelos antigos habitantes. Quando descobri esses gigantes na área da cratera *Odyssey*, vieram imediatamente à minha memória as cabeças humanas talhadas em basalto pelos *olmecas,* responsáveis, segundo os arqueólogos, pela primeira civilização organizada a habitar o México, e cujos primeiros sinais parecem remontar a mais de 3500 anos atrás.

Encontrei ainda outros sinais de artificialidade em torno da cratera *Odyssey*, que parecem fragmentos de outras estruturas. Os monumentos dessa região do planeta são sem dúvida mais uma peça do grande quebra-cabeça envolvendo os sinais da antiga civilização.

Duas das estruturas esculpidas em pedra localizadas nas proximidades da cratera *Odyssey*, na região da cratera *Endeavour*. A primeira (esquerda) esta com a face voltada para o próprio rover, enquanto a outra é vista de perfil (NASA /JPL / Caltech / Cornell / ASU). http://photojournal.jpl.nasa.gov/jpeg/PIA14509.jpg

Posteriormente à localização da imagem *PIA14509*, localizei as imagens originais que serviram para a geração do mosaico em questão no catálogo geral do *rover* (*All Raw Images*). As imagens mais importantes fazem parte da série *Sol 2681* da câmera panorâmica, mas das 48 fotos obtidas 6 apresentam parte de seus quadros ocupados por quadrados ou retângulos negros. Devido à importância do que foi documentado nessa região do planeta, investiguei as imagens da mesma época conseguidas pelas outra câmeras da *Opportunity*. Além de encontrar outros sinais de artificialidade, acabei descobrindo que o mesmo problema (acobertamento), pode ser constatado nas imagens tomadas pelos outros sistemas fotográficos. Uma das fotos, por exemplo, da série *Sol 2683* da câmera de navegação, apresenta boa parte da área fotografada ocupada por uma tarja negra Até em uma das fotografias obtidas pela câmera *Front Hazcam* constatei este tipo de artifício, que encobre toda a parte superior de uma das imagens tomadas no dia 2681 da missão.

Parece que a NASA escolheu muito bem o destino principal a ser alcançado pela *Opportunity* após deixar a cratera *Victoria*. Devido à existência de dunas potencialmente perigosas para o *rover*, que existiam pelo caminho, e foram contornadas, foram 19 km de jornada para o pequeno *rover*. Mesmo sem fazer qualquer referência às cabeças esculpidas nas rochas, a agência espacial considerou tanto as descobertas geológicas e sobre o passado do planeta, feitas na região, que considerou a exploração da área como uma segunda missão, como se fosse outro ponto de pouso, tamanha a importância do que foi encontrado.

A continuidade da missão

No momento em que escrevo estas linhas o *Opportunity* continua surpreendentemente ativo, depois de mais de três mil dias se movimentando pelo solo do planeta, e em várias das imagens que examinei associadas a estes últimos dias pude encontrar os mesmos vestígios da antiga civilização, com o já nada invulgar processo de encobrimento de parte das fotografias. Finalizando este capítulo, gostaria de destacar como exemplos as imagens da série *Sol 3092* e *3094* da câmera *Front Hazcan*, onde notamos vestígios arqueológicos de antigas estruturas. A mesma coisa vale também para as fotos da série *Sol 3104* da câmera panorâmica, mas chama a atenção o número de imagens que foram parcial ou quase totalmente cobertas pelas tarjas, quadrados e retângulos negros, conforme a missão da *Opportunity* foi sendo estendida. Examinando as últimas fotos obtidas pelas suas várias câmeras nesses últimos dias, pude constatar como este tipo de artifício, relacionado a um provável processo de censura, se tornou presente e realmente algo comum. Basta dizer que no momento em que estou terminando este capítulo, as imagens dos últimos três dias disponíveis no catálogo (*All Raw Images*), obtidas pelo sistema de navegação do *rover* (*Sol 3131*, *3132*, e *3133*), apresentam fotos com a indesejável cobertura. O que estaria motivando esta realidade? Um retrocesso do processo de disponibilização da verdade mediante a liberação das fotos, ou descobertas na verdade ainda mais contundentes relacionadas à presença de vida no passado e presente do planeta, que não poderiam ser observadas?

Outros orbitadores de Marte 8

Antes mesmo que a a *Mars Global Surveyor* finalizasse sua missão em novembro de 2006, outras espaçonaves progressivamente foram alcançando o planeta para continuarem a exploração daquele mundo a partir de sua órbita, mediante equipamentos cada vez mais sofisticados, que incluíam câmeras desenvolvidas mediante tecnologias mais avançadas, possibilitando maior definição nas imagens, e novas descobertas, inclusive na área do infravermelho.

A primeira dessas novas espaçonaves a chegarem a Marte foi a *Mars Odyssey*, que havia sido lançada de cabo *Kennedy*, em 7 de abril de 2001, da estação da Força Aérea Norte-Americana (USAF). A espaçonave, que entrou em órbita do planeta no dia 24 de outubro do mesmo ano, e ainda continua em operação no momento em que estas linhas estão sendo escritas, possui como principais instrumentos um sistema de imagens que trabalha mediante as emissões térmicas da superfície e subsolo do planeta (*Thermal Emission Imaging System* – THEMIS). Outro equipamento de destaque é um expectrômetro de raios gama (*Gamma Ray Spectrometer* – GRS). Não podemos também deixar de citar o experimento de medição dos níveis de radiação em Marte (*Mars Radiation Environment Experiment* – MARIE).

O instrumental a bordo da *Mars Odyssey* teve funtamental importância para ampliar ainda mais as certezas da presença de água na atualidade no planeta, já desenvolvida na missão da *Mars Global Surveyor*. A espaçonave conseguiu fortes indicações da presença de água no subsolo do planeta, inclusive em estado sólido (gelo), e estudou os minerais presentes abaixo da superfície. As pesquisas realizadas sobre o clima marciano constituem outro destaque da missão, e com a chegada ao solo do planeta, em 2004, dos *rovers Spirit* e *Opportunity*, coube à espaçonave papel importante no aspecto das comunicações entre o JPL e os *rovers*, e isto nos dois sentidos, retransmitindo os sinais vindos da superfície de Marte para a Terra, ou repassando para os *rovers* os comandos vindos do controle da missão, em, na Califórnia.

A espaçonave *Mars Odyssey*, que entrou em órbita de Marte no dia 24 de outubro de 2001 e fez importantes descobertas sobre a presença de água no subsolo do planeta na atualidade (NASA / JPL).
http://www.nasa.gov/mission_pages/odyssey/images/PIA04816-4x3.html

A espaçonave conseguiu também inúmeras imagens, seja na faixa do infravermelho, ou na área do espectro eletromagnético visível por nossos olhos, não só documentando as estruturas artificiais reveladas pelas missões anteriores, como ainda conseguiu identificar outros vestígios da antiga civilização.

Suas imagens obtidas da região de *Cydonia* são bastante interessantes, apesar de curiosamente a NASA ter mais uma vez insistido que as fotografias da *Face* indicam seu aspecto natural. As imagens da chamada pirâmide *D & M*, nas proximidades do *Rosto*, visíveis nos mesmos quadros, revelam em suas fotografias todos os sinais de artificialidade já observados antes pelas missões anteriores, e isto, inclusive, nas imagens tomadas na banda do infravermelho.

Este mesmo padrão geométrico foi constatado e confirmado pela mesma missão em uma série de estruturas localizadas nas fotos da região conhecida com *Elysium Mons*, cujos primeiros vislumbres já haviam sido obtidos por meio das fotografias tomadas pela espaçonave *Mariner 9*, no início da década de 70 do século passado.

Outro aspecto que devemos destacar da missão em termos de suas imagens foi a descoberta de várias aberturas para o subsolo do planeta de aspecto circular na região conhecida como *Arsia Mons* na área equatorial (9 graus de latitude sul / 239 graus de longitude este). Estes "buracos negros" como passaram a ser chamados dentro da agência espacial possuem entre 125 e 200 metros de diâmetro, e segundo a NASA podem se tratar de solo vulcânico que cedeu, entrou em colapso. Mais se tratariam mesmo apenas de estruturas naturais. Pelo menos um desses é extremamente sugestivo e apresenta uma perfeição incrível em sua estrutura.

Uma das aberturas para o subterrâneo do planeta descobertas pela espaçonave *Mars Odyssey* na região vulcânica de *Arsia Mons*. Essa "caverna" possui 180 metros de diâmetro. Sua profundidadade é desconhecida (NASA /JPL / University of Arizona).
http://hirise-pds.lpl.arizona.edu/PDS/EXTRAS/RDR/ PSP/ORB_003600_003699/PSP_003647_1745/ PSP_003647_1745_RED.abrowse.jpg

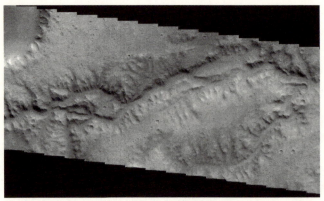

Sinais de erosão por água em estado líquido no passado (canais) em imagem obtida pela espaçonave *Mars Odyssey* são vistos nessa fotografia da região conhecida como *Margaritifer Terra*. (NASA /JPL / Caltech /ASU).
http://mars.jpl.nasa.gov/odyssey/multimedia/images/?ImageID=4170

As fotografias obtidas pelo *Mars Odyssey*, que podem ser vistas em endereços como *www.nasa.gov/mission_pages/odyssey*, *mars.jpl.nasa.gov/odyssey* e *themis.asu.edu/gallery*, documentam também em larga escala os sinais de água no passado do planeta. São inúmeros os registros fotográficos revelando os sinais de antigos leitos de rios, mares, etc.

Mars Express

No dia 2 de junho de 2003 a Agência Espacial Européia (*European Space Agency* – ESA) lançou em direção ao Planeta Vermelho, do centro espacial de *Baikonur*, no Casaquistão, a espaçonave *Mars Express*. A missão, uma esforço conjunto envolvendo várias nações, permitiu a entrada na órbita do planeta no dia 25 de dezembro.

Entre os instrumentos da espaçonave que podemos destacar está sua câmera de alta resolução (*High Resolution Stereo Câmera* – HRSC) que possibilitou e continua permitindo, no momento em que este livro está sendo praticamente já finalizado, algumas das mais extraordinárias imagens do planeta. Outra peça fundamental da missão é um espectrômetro para o estudo da composição da superfície e de seus processos evolucionários (*Visible and Infrared Mineralogical Mapping Spectrometer*). Entre outros instrumentos, a espaçonave possui ainda em seu arsenal um radar para a busca de água no subsolo (*Sub-Surface Sounding Radar Altimeter*).

Mais sem dúvida o que mais tem chamado a atenção dos investigadores são realmente as imagens de alta resolução da superfície de Marte, obtidas pela já mencionada câmera estéreo de alta resolução. Além das fotografias documentando de uma maneira extremamente detalhada os leitos dos antigos rios marcianos, e os sinais de água na atualidade, as imagens têm permitido revelar outras estruturas de aparência artificial, relacionadas à antiga civilização, não só nas áreas já conhecidas como antigos sítios da cultura que habitou o planeta no passado, como em regiões onde este tipo de vestígio ainda não havia sido observado.

Uma das fotos mais impressionantes revela, por exemplo, uma grande quantidade de água congelada no interior da cratera *Vastitas Borealis*. A imagem (foto *SEMTVM6DIAE*) foi obtida no dia 2 de fevereiro do ano de 2005, e revela não só um grande bloco de água congelada em seu interior, como vestígios do precioso líquido em suas encostas.

Outra coisa reveladora e ao mesmo tempo polêmica das imagens dessa espaçonave é o aspecto da cor, ou da coloração. Várias regiões fotografadas pelos módulos orbitais das espaçonaves da NASA apresentadas em preto e branco, ou em cor falsa, que apareceram sempre em tons escuros nas fotografias liberadas, podem ser vistas nas imagens coloridas liberadas pela ESA, na cor verde, ou em tons esverdeados, levantando a suspeita de que sejam sinais de alguma forma de vida vegetal. Um dos primeiros a notar e denunciar esta realidade foi o já mencionado Richard C. Roagland, que destacou este tipo de realidade em relação às imagens liberadas pela agência espacial norte-americana, e as fotografias obtidas pela *Mars Express*, por exemplo, da região da cratera *Gusev*, área, como sabemos, relacionada a missão do *rover Spirit*.

Marte – A Verdade Encoberta

Investiguei pessoalmente essas imagens e pude constatar a realidade das alegações de Roagland, e em seguida encontrei progressivamente evidências relacionadas a essas "manchas" verdes em outros locais do Planeta Vermelho, que parecem revelar que a cor do deus da guerra, pelo menos em alguns pontos de Marte, foi substituída pela coloração da vida vegetal relacionada à clorofila (verde). Um desses pontos que gostaria de destacar é a região conhecida como *Louros Valles*, área específica dentro dos limites do chamado Vale *Mariner*, situada nas coordenadas 278.8° E / 8.3° S (foto *SEMGVY57ESD*). A imagem é realmente impressionante e parece revelar uma cobertura de alguma forma de vida vegetal, principalmente nas áreas de menor altitude.

Outro local onde detectei o mesmo tipo de evidência, ou sinal de uma cobertura verde se sobrepondo ao solo do planeta, é a região conhecida como *Juventae Chasma*. Localizei pessoalmente várias imagens nos sites da *ESA* revelando o mesmo panorama compatível com a existência de vida vegetal. Em uma dessas fotos (imagem *SEMCNHMZCIE*), entretanto, acabei encontrando outro tipo de vestígio. Além dos sinais de alguma forma de vida semelhante ao nosso *líquen* cobrindo parte do solo na área inferior e esquerda da fotografia, localizei o que parecer ser uma montanha "esculpida" à moda inca. Falando claramente, estaríamos diante de algo semelhante aos terraços cultivados dos incas. Não posso evidentemente garantir o sentido, ou o objetivo desse trabalho realizado pelos antigos habitantes de Marte, mas a semelhança do que podemos ver nessa imagem da *Mars Express* com os cortes realizados nas montanhas pelos antigos habitantes do Peru é realmente algo surpreendente. Haveria também nesse caso alguma forma de contato entre as duas civilizações?

Esse achado me impressionou bastante, inclusive pelo fato de que apenas parte da área montanhosa visível na fotografia apresenta o inusitado trabalho, tornando claro para este autor que de forma alguma poderíamos atribuir o que podemos ver nessa imagem a alguma forma de erosão pela água, explicação utilizada pelas agências espaciais em outros casos, onde o relevo realmente parecia ter sido "esculpido" ao longo de milhões de anos pela presença de água em diferentes níveis.

Mas as descobertas nas fotografias da *Mars Express* vão muito além dos sinais de vida vegetal na atualidade. Explorando o catálogo de imagens dessa espaçonave, parcialmente disponibilizado, realmente pude confirmar a existência de outros sinais da antiga civilização não percebidos nas fotos das espaçonaves já citadas, que haviam entrado na órbita do planeta antes.

Em outra área do já citado Vale *Mariner*, situada pouco acima do equador marciano (5° N / 323° E), foram constatados outros sítios arqueológicos relacionados aos antigos habitantes do planeta. Examinando uma das fotos dessa região (imagem *SEMABA474OD*), tomada pelo mesmo sistema fotográfico estéreo de alta definição (*High Resolution Stereo Câmera* – HRSC), pude notar, ao examinar a textura do solo de toda a fotografia mediante os *pixels*, que conjuntos desses em várias posições da imagem parecem formar claramente padrões geométricos, que se materializam mediante a reflexão da luz solar e coloração do solo, indicando alterações na superfície nessas áreas mediante atividade artificial, cujos vestígios ainda são visíveis em nosso tempo. Fiz esta descoberta ao mexer principalmente na luz e contraste, e melhorando o foco da imagem como um todo.

Mas independentemente dessa realidade mencionada no parágrafo anterior, em dois pontos específicos da mesma fotografia, ambos do lado esquerdo da imagem, identifiquei de maneira definitiva duas áreas onde até com facilidade podem ser notados dois conjuntos de estruturas artificiais, hoje na forma de ruínas. Por questões de melhor identificação batizei o primeiro desses pontos de área 1, e o segundo evidentemente de área 2. Na primeira região encontrei um conjunto de estruturas geométricas que parecem parcialmente enterradas. É surpreendente não só a dimensão dessas ruínas, como a estrutura do conjunto. Em meio às análises dessa área melhoramos também a focalização, e quando passamos toda a fotografia

Marte – A Verdade Encoberta

para negativo, o complexo de estruturas artificiais ficou ainda mais evidente.

Já na área batizada de *número 2* encontrei algo ainda mais grandioso, se é que isto ainda seria possível. Bem no limite superior do lado esquerdo da imagem existe outra construção gigantesca. O solo à sua direita e abaixo revela vários níveis distintos, formado por degraus gigantescos, como se tivesse sido cortado mecanicamente. Da mesma maneira que aconteceu com a imagem da área 1, quando fui observar esse segundo conjunto de estruturas em uma imagem passada para negativo, obtive um resultado também revelador, nesse caso específico mais surpreendente ainda. O recurso de visualização em negativo acabou chamando minha atenção para a parte frontal da construção (ruína). Materializaram-se frente aos meus olhos dois grandes retângulos, como se fossem molduras de dois portais. Algo totalmente inesperado, que só veio a reforçar o caráter artificial dessas estruturas. Todas as fotografias obtidas pela *Mars Express* comentadas nesse livro, e muitas outras podem ser vistas mediante o endereço *spaceinimages.esa.int/ Missions/Mars_Express/(class)/image.*

Mars Reconaissance Orbiter

Dentro do processo de "invasão" da órbita marciana que ocorreu nos últimos anos, a *Mars Express* foi seguida por mais uma espaçonave da NASA. No dia 12 de agosto de 2005 partiu também da plataforma de lançamentos da Força Aérea Norte-Americana em Cabo *Kennedy*, no topo de um foguete *Atlas 5-401*, a *Mars Reconnaissance Orbiter*, que entrou em órbita do planeta sete meses depois, em 10 de março do ano seguinte.

Como suas antecessoras, a *Mars Reconnaissance Orbiter* trabalha com vários tipos de câmeras, espectrômetros e outros instrumentos de alta tecnologia, mas supera aquelas em termos dos parâmetros que podem ser alcançados no que diz respeito à definição de suas imagens, e aprofundamento de seus estudos. Uma das novidades tecnológicas é sua Câmera de Navegação

Óptica (*Optical Navegation Camera*). O objetivo desse instrumento é permitir que a espaçonave siga uma trajetória mais precisa. Uma espécie de ensaio para as futuras missões de pouso no planeta, que utilizarão propulsão para o controle das aterrissagens.

Outro destaque no equipamento é a Câmera HiRISE (*High Resolution Imaging Science Experiment*), que trabalha na banda visível do espectroeletromagnético, e permite observar e fotografar, a partir da órbita marciana, objetos no solo com poucos centímetros de dimensão. Para se ter uma ideia mais precisa, um *pixel* das imagens pode representar uma área de menos de 30 centímetros. Já a câmera CTX (*Context Camera*) propicia imagens de grandes áreas e em alta resolução, enquanto o espectrômetro CRISM (*Compact Reconnaissance Imaging Spectrometer for Mars*) decompõe a luz visível e infravermelha para ajudar a identificar os minerais, especialmente aqueles que foram formados com a presença de água. A MRO possui também uma câmera para imagens coloridas (*Mars Color Imager*). Não podemos esquecer do radar (*Shallow Radar*) da espaçonave para busca de gelo no subsolo do planeta e de seu radiômetro (*Mars Climate Sounder*) para sondagens e detectar variações de temperatura, poeira e vapor de água na atmosfera. Apesar de alguns problemas em vários de seus equipamentos, que surgiram progressivamente, a missão continua até hoje, e tem propiciado descobertas mais do que relevantes, e isso nos mais variados aspectos.

Algumas imagens, por exemplo, divulgadas no site do *High Resolution Imaging Science Experiment* – HiRISE (*http://hirise.lpl.arizona.edu/*), mantido pela Universidade do Arizona em parceria com o Laboratório de Propulsão a Jato da NASA (JPL), revelam o que parecem ser, em minha opinião e de outros investigadores, sinais evidentes da presença de vida vegetal crescendo nas dunas do planeta, coisa já visualizada com menos definição mediante as imagens, por exemplo, da *Mars Global Surveyor*, conforme já havia revelado. A agência espacial insiste que o que podemos ver nessas novas fotografias, cujos detalhes

Marte – A Verdade Encoberta

aparecem ressaltados em cor falsa pelo trabalho dos cientistas da citada universidade, são apenas manchas relacionadas à presença de gás carbônico no solo do planeta, explicação essa como já destaquei antes neste livro, utilizada para outras imagens relacionadas à mesma suspeita de vida vegetal. A primeira dessas imagens que eu achei foi o *PSP_007896_2635*. Outra tão ou mais impressionante documenta a mesma região com uma pequena diferença de angulação (*PSP_007830_2635*). J. P. Skipper divulga em seu site (*http://www.marsanomalyresearch.com*) outra com as mesmas características surpreendentes. Trata-se do *PSP_007962_2635*.

Se não se trata de formas de vida vegetal, o trabalho da Universidade do Arizona, de realce das imagens, esta nos guiando em uma direção totalmente equivocada, pois a única coisa que essas fotos não parecem apresentar são manchas no solo, sejam geradas por gás carbônico, ou não.

Outra sequência de imagens que gostaria de ressaltar, obtida pela *Mars Reconnaissance Orbiter*, está associada às aberturas, ou "buracos negros" circulares fotografados inicialmente pela *Mars Odyssey* na região conhecida como *Arsia Mons*, que para a agência espacial podem ter como explicação um colapso do solo vulcânico da região, como já expusemos. As fotografias obtidas pela MRO, devido à capacidade maior de definição, são ainda mais impressionantes. Mesmo quando a angulação e posicionamento da espaçonave foi mais favorável, não foi possível divisar o fundo dessas "cavernas". Na realidade não se tem ideia da profundidade dessas estruturas, e onde e como terminam. Localizei várias imagens dos *dark holes* no site do *High Resolution Imaging Science Experiment*, cada uma delas mais reveladora. Como exemplo, posso ressaltar o *PSP_003647_1745*, e o *PSP_005770_1745*, mais sugestivo ainda.

Já vimos ao longo desse livro que, independentemente das evidências da presença no passado de uma cultura avançada no planeta, hoje existe "alguém" em Marte. Esses seres podem ser remanescentes ou não da antiga civilização. Mas o fato é que se estão lá, poderiam estar ocupando inclusive instalações sub-

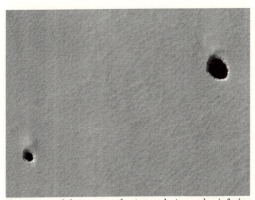

Existem também outras aberturas de tamanho inferior descobertas pela espaçonave *Mars Reconnaissance Orbiter*. Seriam essas aberturas portas de entrada para instalações alienígenas no subsolo de Marte? Essa e outras imagens do mesmo tipo podem ser acessadas mediante o *PSP_009488_1745* (NASA /JPL / University of Arizona).
http://hirise.lpl.arizona.edu/PSP_009488_1745
http://hirise.lpl.arizona.edu/images/2008/details/cut/PSP_009488_1745_cut_a.jpg

terrâneas. Talvez essas misteriosas aberturas possam ser a ligação com a superfície. Isso, claro, é uma especulação, mas não poderia descartar não só a possibilidade de instalações subterrâneas, como o papel dos *dark holes* no processo de ligação entre tais estruturas ou bases e a parte exterior do planeta.

As câmeras da *Mars Reconnaissance Orbiter* se ocuparam também com a região de *Cydonia* e obtiveram várias imagens significativas, inclusive do *Rosto Marciano*. Umas das primeiras áreas de Marte a ser privilegiada com uma postagem no site do HiRISE foi justamente ela (*Cydonia*). Poucas semanas depois de ter sido iniciada a divulgação das fotografias da espaçonave pelo referido site, no dia 11 de abril de 2007 já disponibilizava imagens da *Face* com diferentes níveis de definição. O título dessa primeira postagem foi: *Popular Landform in Cydonia Region*. Mais uma vez já definia o tom negativista da agência espacial, agora associada a Universidade do Arizona, frente à realidade artificial da estrutura. Apesar disso o pequeno texto de referência faz menção à similaridade da forma com as fotografias do projeto *Viking*, que fotografou pela primeira vez a estrutura, realmente com uma face humana.

As informações técnicas mencionam que a foto havia sido obtida poucos dias antes da postagem, no dia 5 de abril, e que cada *pixel*, ou célula digital da imagem representa 29,9/cm.

Nunca antes qualquer espaçonave havia fotografado a *Face* com esta resolução. E o que podemos ver nas imagens disponibilizadas pelo HiRISE em diferentes formatos e definições? A fotografia em seu nível de definição maior parece uma cópia da imagem obtida em 2001 pela *Mars Global Surveyor*. Estruturalmente o *Rosto* apresenta a mesma forma, mas é patente que a resolução melhorou muito, demandando a observação de mais detalhes, que servem para fundamentar à minha leitura ou interpretação feita anteriormente, em relação não só à fotografia obtida em abril de 2001, mas também no que diz respeito às diferentes formas com que foi apresentada no dia 24 de maio do mesmo ano no *release* do JPL, postado no site do *Malin Space Science Systems* (MSSS).

Como já revelei neste livro, em uma das possibilidades de definição a imagem da *Face* foi apresentada em uma posição invertida, que permitiu a constatação de que a *Esfinge Marciana* na verdade possui duas leituras. Na primeira posição divulgada inicialmente mediante as fotos do projeto *Viking* (1976), temos metade de um rosto com feições humanas, enquanto a partir das fotos da MGS com a inversão do posicionamento pode ser observada a reprodução, a forma de uma cabeça de *gray* (metade), o tipo de extraplanetário responsável pela maior parte das abduções em nosso mundo.

Apesar do título da postagem relacionada à imagem mais recente obtida pela *Mars Reconnaissance Orbiter* atribuir mais uma vez, como já revelei, uma origem natural para a *Face*, o JPL e a Universidade do Arizona seguiram os mesmos princípios observados na postagem de 2001: postaram as imagens da fotografia de 2007, não só, como já escrevi, em diferentes formatos e com definições distintas, como também de maneira invertida, permitindo ora a visualização de metade da face de um *gray*, para em outro *link* ser observada a forma de metade de um rosto de aparência humana. Ou seja, desde o ano de 2001 a agência espacial, e instituições relacionadas, oficialmente continuam a negar (a negativa começou em 1976) a natureza artificial da estrutura, mas mediante as fotografias e maneira de divulgação das imagens mostram a validade dessa mesma interpretação (tantas vezes negada), inclusive ajudando a quem realmente investiga suas postagens a perceber em sua plenitude o sentido maior da forma que de maneira definitiva nos colocou pela primeira vez frente à realidade de uma antiga cultura avançada no Planeta Vermelho.

Outra descoberta surpreendente que fiz, ao investigar as imagens da MRO no catálogo de fotografias do HiRISE, esta associada ao *PSP_003115_1810,* uma das imagens disponibilizadas no dia 10 de outubro de 2007, que documenta o nordeste da área conhecida como *Sinus Meridiani.* Mesmo antes de entrar na página específica desse *PSP* quando examinei ainda superficialmente um pacote de 20 fotografias em tamanho reduzido, tive minha atenção prontamente despertada e logo em seguida efetuei o comando para ver a fotografia em seus diferentes formatos de apresentação e resolução. O detalhe que prontamente me interessou era uma cratera que se destacava na área coberta pela fotografia, não só por seu tamanho mais avantajado, mas por uma inusitada forma em seu interior. Parecia inacreditável. A primeira imagem que me veio à mente em termos de comparação foi a de uma grande barragem hidrelétrica. Curiosamente, na postagem inicial, junto com as outras fotos liberadas no dia 10 de outubro (2007), e em uma das primeiras versões ampliadas que optei por explorar em seguida, o fundo da cratera aparecia na cor azul (cor falsa), utilizada no processo de realce produzido pelos cientistas do HiRISE, como sugestão de água. A estrutura, conforme pode ser observado em cada uma das formas em que a foto se encontra disponibilizada, divide a cratera em duas partes. Ao examinar uma das versões originais que é apresentada em preto e branco (diferentes tons de cinza), pude constatar que a estrutura apresenta um albedo (fator relacionado ao nível de reflexão da luz solar), e tonalidade totalmente diferenciada não só do fundo da cratera, que aparece quase negro, como também da área ao seu redor, realidade que também reforça o aspecto artificial da forma. Outra coisa surpreendente que pude também constatar é o aspecto uniforme, em termos de textura, do fundo da cratera, coisa que normalmente não é constatada em crateras geradas pelo impacto de bólidos, meteoritos, etc.

As fotos da MRO ampliaram também minha visão sobre a realidade e quantidade de anomalias, estruturas apresentando sinais de artificialidade, na superfície da maior lua de Marte, o satélite *Phobos*. Esses objetos apresentam características totalmente diferentes do restante da superfície, como já havia mencionado quando comentei esse tipo de descoberta nas imagens da MGS. Apresentam um nível de reflexão da luz solar muitas vezes superior à média do restante do solo daquele mundo, e algumas vezes padrões geométricos. Com as fotos de maior resolução propiciadas pela missão mais recente, foram notados tanto por este investigador, como por mais pesquisadores, outros objetos inusitados na superfície da lua marciana, que merecem realmente uma atenção especial.

Estudei e verifiquei várias imagens de *Phobos* não só no site do HiRISE, como no do JPL na página específica da espaçonave *Mars Reconnaissance Orbiter* (*http://mars.jpl.nasa. gov/mro*). Encontrei várias dessas estruturas, por exemplo, no *PSP_007769_9010*, que apresenta uma imagem colorida do satélite (HiRISE), e na imagem *PIA10366*, que pode ser observada tanto no referido site do JPL, em uma das páginas da MRO, como também no site *Photojournal* (*http://photojournal.jpl.nasa.gov*). As estruturas ou objetos menores possuem poucos metros de extensão, enquanto os maiores chegam a ter algumas dezenas de metros de dimensão. Alguns possuem a forma retangular, lembrando monólitos, enquanto outros se parecem mais com nossos obeliscos.

Outra descoberta desconcertante, diretamente relacionada à presença e atividade alienígena em nosso tempo, pode ser constatada no *PSP_001415_1875*, no mesmo site do *High Resolution Imaging Science Experiment*, que documenta a região da cratera *Mojave*, em uma fotografia tomada no dia 14 de novembro de 2006. A área apresenta as mesmas características geológicas do Deserto de *Mojave* na Califórnia, onde a água teve papel fundamental, no passado, como agente erosivo. Tive a atenção despertada para essa página específica do HiRISE por várias postagens em sites de outros investigadores. Em duas posições distintas da fotografia cujo valor do *pixel* chega a medir apenas 27.4 / cm, foram encontrados vários objetos que, ao se movimentarem pelo solo do planeta, deixaram rastros. Alguns parecem ter forma piramidal, enquanto outros um padrão retangular, mas a verdade é que alguns desses objetos, por estarem aparentemente no limite de resolução da MRO, não permitem uma certeza quanto às suas formas, pelo menos de uma maneira mais precisa.

O que desde o início me chamou a atenção foi a semelhança desses rastros com outros que localizei em fotografias obtidas do solo lunar por espaçonaves também da agência espacial norte-americana. Um bom exemplo dessas imagens é a fotografia *168_b2* da espaçonave *Lunar Orbiter 5*, que documentou vários desses registros e os objetos que os produziram no interior da cratera *Vitello*.

No caso de nossa Lua não é possível mensurar a época que esses rastros foram deixados, pois como não existe lá qualquer forma, ou efeito erosivo, um rastro deixado há cerca de um milhão de anos pareceria aos nossos olhos tão recente como outro produzido dias atrás. Mas em Marte é diferente. Mesmo hoje, como já escrevi, existe um processo erosivo altamente eficiente relacionado às tempestades de areia. Mesmo os ventos marcianos de escala média não permitiriam que esses registros detectados no *PSP_001415_1875* ficassem preservados e passíveis de serem fotografados após um período superior provavelmente a algumas semanas, e dependendo das condições reinantes na região em que foram encontrados, poucos dias. As imagens dos locais em que foram achados esses rastros, inclusive passaram a ideia, para este autor, de que eles foram fotografados logo após terem sido produzidos pelos objetos que também aparecem nas fotografias. Ou seja, estamos diante de mais uma evidência direta da presença de seres no solo do planeta na atualidade.

Marte – A Verdade Encoberta

Mas qual seria realmente a dimensão desses objetos e rastros? Acabei encontrando outro endereço dentro do HiRISE onde a mesma imagem da MRO estava não só postada, mas apresenta mais recursos para um melhor dimensionamento da questão (*http://marsoweb.nas.nasa.gov/HiRISE/hirise_images/all/PSP_001415_1875*).

Explorei a imagem mediante sua ampliação máxima, situação que produz o aparecimento sobre a imagem de uma "régua" de 20 metros, que utilizei como base para mensuração das medidas dos objetos e registros de nosso interesse. Pude verificar que estamos diante, de fato, de objetos de pequenas dimensões, com 1 a 3 metros apenas de tamanho. Já os rastros deixados pela movimentação pelo solo variam de poucas dezenas até algumas centenas de metros de extensão. Tanto os objetos, como os registros da movimentação pelo solo do planeta, são bem mais modestos em termos de tamanho do que seus similares fotografados na Lua. Essa constatação, entretanto, evidentemente não tira a importância da descoberta, principalmente pelo fato de estarmos diante de um tipo de realidade que pode ser mensurada em termos temporais, devido à já mencionada erosão de base eólica presente na superfície do planeta.

Outro aspecto que não posso deixar de ressaltar, depois de examinar detalhadamente essa fotografia, são as evidências da presença da passagem de água em estado líquido no passado. Poucas vezes vi algo parecido nas imagens marcianas que já investiguei. Os sinais da presença do precioso líquido no passado estão por toda a região.

Mas existe uma imagem ainda mais forte em termos da repercussão entre as fotos da *Mars Reconnaissance Orbiter*. Classificada no site do HiRISE como *PSP_009342_1725*, foi conseguida no dia 24 de novembro 2008. Desde a sua postagem, virou alvo de debates envolvendo pesquisadores independentes e cientistas da agência espacial (NASA), e da Universidade do Arizona, devido a um detalhe impressionante: a presença de um monólito, um objeto perfeitamente retangular. Um dos primeiros a se envolver com a divulgação dessa imagem foi o estudioso Efrain Palermo. Outro que deu especial destaque à descoberta foi o já mencionado pesquisador português José Garrido (*http://ovni.do.sapo.pt*).

O surpreendente monólito descoberto em fotografias da espaçonave *Mars Reconnaissance Orbiter*. Na fotografia uma visão do objeto conforme pode ser visualizado no *PSP_009342_1725* (NASA / JPL / University of Arizona).
http://hirise.lpl.arizona.edu/PSP_009342_1725

Mas na região em que foi localizado o monólito, que lembra muito o do filme *2001 Uma Odisséia no Espaço*, encontrado na história do sucesso do cinema em nosso satélite natural (Lua), existem outras duas estruturas misteriosas, que apresentam também sinais de artificialidade, e parecem moldados realmente por "mãos humanas", manifestando ainda o mesmo tipo de albedo, ou fator de reflexão da luz solar. Tanto o monólito, como esses dois objetos parecem ter sido produzidos no mesmo tipo de rocha ou material.

Com sua publicação mediante o JPL e Universidade do Arizona a imagem do monólito se espalhou rapidamente e hoje é destaque em números sites, independentemente da versão da NASA de que estamos apenas diante de uma pedra, explicação absurda frente o que pode ser visto na fotografia. O próprio título da postagem *Boulders and Layers in Canyon* (Pedras e

Camadas no Cânion), já revela a diretriz da agência espacial em liberar as imagens, mas ao mesmo tempo se recusar a apoiar qualquer interpretação que defenda a realidade de uma antiga cultura avançada no planeta.

Hoje cada vez um número maior de pessoas toma realmente conhecimento de que estamos frente evidência preciosas da presença de uma antiga civilização no planeta, e que o acobertamento pelo menos parcialmente esta sendo retirado. No passado imagens desse tipo dificilmente seriam liberadas e discutidas.

Hoje a *Mars Reconaissance Orbiter* continua em sua missão de exploração do planeta. Eu mesmo já encontrei em outras fotos da espaçonave mais evidências da atividade e presença alienígena no solo do planeta. Tenho mostrado esse material dentro do processo de alternância das imagens em numerosas palestras realizadas em nosso país. Com passar do tempo novas descobertas poderão ainda revelar de uma maneira ainda mais contundente as evidências da presença da antiga civilização, ou mesmo na atualidade.

Palavras finais | Preparação para a revelação da verdade

Em 1989, quando eu publiquei o livro os *Discos Voadores e a Origem da Humanidade*, minha primeira obra, eu defendi na parte final uma visão do Planeta Vermelho que só nos últimos anos começou a ser oficialmente, e objetivamente aceita não só pela NASA, mas também pela agência espacial européia (ESA). Um planeta onde no passado existia água em estado líquido em abundância, uma atmosfera mais densa e rica em oxigênio, e condições mais clementes em relação as possibilidades de vida, inclusive de escala superior. Minhas posições na época estavam longe de serem inspiradas em qualquer forma de fuga da realidade, pelo contrário, a base para meu trabalho já eram as fotografias, que já haviam sido liberadas relacionadas principalmente ao projeto *Viking*, que havia explorado o planeta nos anos de 1976 e 1977.

Sempre houve uma discrepância, diferença entre aquilo que vinha sendo documentado pela principal agência espacial (NASA), e o que era passado para a mídia e a humanidade em geral. Isto faz parte de um processo em que as informações e a documentação fotográfica conseguida passa por um período de quarentena, para que progressivamente e depois de um longo período (algumas vezes) a informação, ou a descoberta possa aparecer de início como uma mera sugestão, para mais tarde ser considerada um fato realmente documentado. No caso específico de Marte já atingimos grandes avanços recentemente, pelo menos no que diz respeito às condições ambientais no passado, de certa forma também no presente, e de uma maneira muito especial na questão da presença de água em termos gerais. Mas para isto acontecer de uma maneira definitiva foi necessário uma longa trajetória.

Para que a existência de água na atualidade pudesse ser admitida de maneira oficial e definitiva, por exemplo, além de todas as evidências anteriores conseguidas da órbita marciana tanto em termos de efeitos erosivos na atualidade produzidos pelo precioso líquido, visíveis em inúmeras fotografias, e das análises e mensurações mediante os espectrômetros e radares de várias espaçonaves, foi necessário um pouso de uma espaçonave próximo do pólo norte do planeta para analisar quimicamente o material constituinte da própria calota polar, que para alguns poderia ser apesar de todas as evidências, apenas neve carbônica (gelo seco).

No dia 4 de agosto de 2007, a NASA lançou de Cabo *Kennedy*, a espaçonave *Phoenix*, tendo como objetivos não só a busca da prova definitiva de água, mas verificar as possibilidades de vida na região ártica do planeta. Depois de uma viagem de vários meses a espaçonave pousou com sucesso próximo da calota polar norte do planeta em 25 de maio de 2008.

O pouso não podia ser realizado diretamente sobre á área congelada do pólo por questões de segurança, mas em terreno árido sem cobertura. Após escavar o solo com seu braço mecânico, e revelar uma material branco congelado, que estava poucos centímetros abaixo da superfície, foram recolhidas amostras para serem analisadas, que permitiram a demonstração segundo a agência espacial que estávamos diante realmente de água congelada.

Havia antes, como escrevi, a suspeita por parte de alguns de que a calota polar norte do planeta fosse constituída de neve carbônica (gelo seco), apesar, por exemplo, do espectrômetro de raios gama da *Mars Odyssey* ter revelado um grande manancial de água congelada na região polar, que se estendia além da área da própria calota polar, pouco abaixo da superfície já árida em regiões mais afastadas do pólo.

A *Phoenix* permitiu mediante seus estudos e análises outra declaração oficial a caminho da verdade sobre o planeta. Por meio de seus instrumentos, utilizados ainda para analises da constituição do solo, pode ser confirmado que ele é totalmente compatível com o desenvolvimento de vida vegetal semelhante a que temos em nosso mundo. A missão revelou e confirmou que Marte foi um mundo habitável no passado. Este tipo de revelação se enquadra perfeitamente não só com tudo que vimos nesse livro, como ainda com algumas tradições antigas relacionadas a povos da Terra.

A espaçonave *Phoenix* que pousou no ano de 2008 próximo do limite da calota polar norte de Marte, e confirmou mediante análises químicas a presença de água na atualidade (NASA / JPL).
http://www.jpl.nasa.gov/news/phoenix/main.php

As tradições dos índios Hopis

Segundo as tradições dos índios *Hopis*, seus ancestrais migraram para Terra a partir da destruição de um planeta chamado por eles de *Maltek*, que havia sido destruído por seus maldosos habitantes. Seus antepassados não só teriam vindo em fuga desse mundo, que ficava próximo de Marte, como do próprio Planeta Vermelho, atingido de alguma maneira também pela destruição desse mundo desaparecido.

Sabemos que justamente entre as órbitas de Marte e Júpiter existe hoje uma região repleta de pequenos corpos celestes. O Cinturão de Asteróides, que segundo nossa astronomia poderia ser resultante da fragmentação de um antigo planeta. A maior parte dos meteoritos que caem na Terra possuem origem nessa região de nosso sistema solar, ou de cometas, cujas massas se espalharam por suas órbitas. Em vários desses foram encontrados sinais de vida fossilizada, mas que sempre foram questionados, e continuam gerando polêmica.

Confirmação na antiga União Soviética

Em 1975, um estudante de geologia encontrou no deserto de *Karakun*, a noroeste de *Ashkhabad*, pequenos fragmentos semelhantes a vidro, que brilhavam na areia do deserto. Apanhou alguns e mostrou ao líder da expedição, o geólogo Pavel Floresk, que logo reconheceu, que se tratavam de *tectitas*, minúsculos meteoritos.

Inicialmente tentou-se explicar a vitrificação encontrada nas *tectitas* como sendo resultante de temperaturas geradas pela passagem através de nossa atmosfera, ou mesmo com o impacto contra o solo. Diversas experiências, entretanto, confirmaram que as temperaturas geradas quando da passagem pela atmosfera, ou mesmo o impacto no solo, estão longe das necessárias para poderem produzir um efeito com tal magnitude.

Com o passar dos anos foram descobertas *tectitas* depois que o forno termonuclear *Tokomak - 10* foi acesso. As temperaturas que produziram estas *tectitas* foram da ordem de milhões de graus. Quando estas foram comparadas com as provenientes do Cinturão de Asteróides, não restou dúvida, que as últimas tiveram também origem nuclear. A partir dessa descoberta, a ideia da existência de um antigo planeta entre Marte e Júpiter, como também sua destruição em uma guerra nuclear, ganhou força na União Soviética.

Aleksander Zavaristsky, hoje falecido, que foi membro da Academia de Ciências da URSS, chegou mesmo a reconstituir teoricamente *Phaeton*, nome dado ao planeta desaparecido pelo também acadêmico Sergei Orloff. Tal reconstituição foi feita mediante os resultados das pesquisas em vários meteoritos encontrados em nosso planeta.

Segundo Zavaritsky, esse mundo foi semelhante à Terra. A existência de *Phaeton*, o *Maltek* dos índios *Hopis*, e sua destruição numa terrível guerra termonuclear foi endossada inclusive pelo também hoje falecido Félix Ziguel, durante muitos anos professor de cosmologia do Instituto de Aviação de Moscou, conhecido internacionalmente.

Teriam fragmentos do antigo planeta atingido a superfície de Marte e sido os responsáveis pelas modificações ambientais em Marte? A própria agência espacial européia (ESA) trabalha com a possibilidade de um asteróide de grandes proporções ter atingido o planeta em passado remoto, gerando um grande cataclismo.

Meteoritos marcianos

Em 1996, no início de agosto, a humanidade foi surpreendida com a notícia de que a NASA havia encontrado a primeira evidência de vida extraterrestre. Segundo a agência espacial declarou na época, foram encontrados sinais de atividade biológica em nível microscópico, em estado fossilizado num meteorito, que havia sido descoberto na Antártida no ano de 1984, e que durante os dois anos anteriores ao comunicado dos cientistas, vinha sendo estudado dentro da agência espacial.

Segundo os cientistas envolvidos na suposta descoberta, a pequena rocha, que é conhecida cientificamente como *ALH84001*, seria um pequeno fragmento do solo do planeta Marte, jogada ao espaço mediante o impacto de um grande bólido contra a superfície marciana em passado remoto. Depois de vagar pelo espaço por milhões de anos em torno do Sol, foi atraído pela gravidade terrestre, se precipitando contra a

Marte – A Verdade Encoberta

superfície de nosso planeta na região polar sul. No meteorito existiam provas de que em Marte já existiu vida, pelo menos microscópica, e isso há bilhões de anos.

O *ALH84001* faz parte de um grupo especial de meteoritos que segundo os pesquisadores são definitivamente pedaços do Planeta Vermelho. A origem desses corpos foi determinada a partir de uma comparação dos gases preservados no interior dessas rochas na forma de bolhas hermeticamente lacradas com os dados referentes à atmosfera marciana., conseguidos mediante as espaçonaves do projeto *Viking*.

O mais impressionante dentro dessa história, que não poderia deixar de ressaltar e lembrar, é que não se tratou apenas de um comunicado realizado por alguns cientistas, ou um artigo publicado na forma de tese em um compêndio científico. Todos os detalhes da descoberta foram anunciados oficialmente em uma coletiva de imprensa realizada dentro da própria Casa Branca em que estiveram envolvidos não só os cientistas da agência espacial, mas o próprio presidente Bill Clinton, que afirmou na oportunidade que estávamos diante da descoberta do século (século 20). Mesmo dentro dessa realidade, e com a defesa da própria agência espacial, como se sabe, houve um forte movimento questionador da validade da descoberta, e isto em termos mundiais, e o assunto de maneira assustadora, caiu no esquecimento. Na visão de algum tipo de poder, que possui a capacidade de manipular a ciência em termos mundiais, não havia chegado ainda o momento de dividirmos o Universo com outras formas de vida, mesmo que essas não passassem de microorganismos no passado remoto do Planeta Vermelho.

A Nili Fossae

Mais recentemente a questão da vida em Marte no passado remoto ganhou nova força quando o espectrômetro CRISM (*Compact Reconnaissance Imaging Spectrometer for Mars*), a bordo da *Mars Reconnaissance Orbiter*, detectou a presença de carbonatos na área conhecida como *Nili Fossae*, uma grande depressão causada aparentemente por um impacto de um corpo de grandes proporções contra o solo marciano. Os carbonatos podem ter em sua composição material orgânico. A descoberta realizada em dezembro de 2008 foi recebida como mais um sinal positivo para a vida no planeta. Na verdade causou um grande alvoroço principalmente nos cientistas ligados a exploração de Marte. As rochas da região possuem cerca de 4 bilhões de anos, e podem estar impregnadas de fósseis, como a área conhecida como *Pilbara*, no noroeste da Austrália, que apresenta as mesmas características, e é rica em fósseis das primeiras formas de vida que habitaram nosso planeta, a cerca de 3,5 bilhões de anos.

Um dos grupos que se dedica atualmente a essas investigações é liderado pelo cientista Adrian Brown do Instituto para Busca de Inteligência Extraterrestre (SETI). Para o especialista, se houve vida em Marte no passado seus sinais poderiam estar preservados nessa região. Por conta disso ele tinha uma forte esperança de que a região fosse à escolhida para ser investigada diretamente pelo *Mars Science Laboratory* (*Curiosity*), mas apesar de figurar na lista de possíveis locais de pouso para o mais novo *rover* da NASA, a área acabou sendo descartada por ser considerada potencialmente perigosa para as operações relacionadas ao pouso do veículo.

A mesma região acabou revelando outra particularidade bastante especial envolvendo outra forma de descoberta. Durante anos pesquisadores e cientistas tem declarado sinais da presença de metano em vários pontos de Marte. Na Terra o gás possui basicamente origem biológica, e isto tem levado vários cientistas a defenderem a possibilidade de que em Marte ele possa ter exatamente a mesma gênese, e estar na atualidade relacionado a microorganismos, que poderiam existir inclusive nos mananciais de água já detectados no subsolo do planeta. O assunto tem sido a inspiração para inúmeros artigos científicos e pronunciamentos dentro da área da exploração espacial, e astrobiologia. É curioso que justamente a área onde houve recentemente a maior detecção, ou sinal da presença do metano seja justamente a região da *Nili Fossae*. O processo que envolveu essa descoberta possui também a mesma origem da detecção dos carbonatos na área: as investigações por meio de espectrômetros. Um dos principais cientistas que investigam essa presença e possível relacionamento com alguma forma de atividade biológica na atualidade é o Dr. Michael Mumma, cientista planetário da NASA no *Goddard Space Flight Center*, em *Grenbelt, Maryland*, que já vinha considerando a presença do gás em Marte desde 2003. As descobertas e estudos relacionados à *Nili Fossae* viraram presença frequente nas principais publicações e sites de divulgação científica nos últimos anos, como na prestigiosa *Nature*. Um novo passo rumo à verdade esta em gestação e o processo de preparação se acelera.

A região conhecida com *Nili Fossae* que poderia segundo vários pesquisadores e cientistas norte-americanos estar repleta de fósseis de antigos animais marcianos (NASA / JPL).
http://www.nasa.gov/images/content/192042main_ pia10070-browse.jpg
http://www.nasa.gov/mission_pages/MRO/multimedia/ pia10070-caption.html

Curiosity e a revelação da existência de vida

No dia 26 de novembro de 2011 foi lançado por um foguete *Atlas V 541* da estação de lançamentos da Força Aérea

Norte-Americana em Cabo *Kennedy* mais um *rover* da NASA para explorar os mistérios do Planeta Vermelho. O *Mars Science Laboratory*, mais conhecido como *Curiosity*, acumulou em seus instrumentos e câmeras as experiências bem sucedidas dos *rovers* anteriores *Spirit* e *Opportunity*, mais os desenvolvimentos e avanços obtidos pela tecnologia espacial nos últimos anos. Trata-se da primeira missão na história mais recente da exploração do planeta com o objetivo prioritário de responder as questões fundamentais relativas às possibilidades de vida no passado e presente de Marte.

O pouso com sucesso no dia 5 de agosto de 2012 no interior da cratera *Gale*, pode ter sido um marco em nossa jornada ruma à verdade do planeta. A cratera, que possui 154 km de diâmetro, não era certamente a escolha mais favorável para a busca de vida, porém a que reunia condições tanto para um pouso seguro e uma situação ainda positiva para as experiências e testes relacionados aos objetivos da missão.

O *rover* como seu próprio nome já define (*Mars Science Laboratory*), é um complexo laboratório de exploração capaz de realizar inúmeras experiências e análises. Os seus instrumentos estão capacitados para responder questões chaves, relacionadas à geologia, condições ambientais, e detectar potenciais "assinaturas" biológicas, relativas ao passado e ao presente do planeta.

Só em termos de câmeras o MSL possui seis tipos de câmeras sendo que quatro ligados aos aspectos científicos da missão, além de espectrômetros, detectores de radiação, e sensores para monitoramento ambiental. Ao contrário dos seus antecessores *Spirit* e *Opportunity*, o mais

O rover Mars Science Laboratory (*Curiosity*) que já fez importantes descobertas na região da cratera Gale em Marte (NASA / JPL).
http://mars.jpl.nasa.gov/msl/

Marte – A Verdade Encoberta 205

novo *rover* da NASA não possui painéis solares para a geração da energia elétrica necessária para suas atividades. Toda a eletricidade consumida é gerada por um pequeno gerador termo-elétrico, que utiliza como fonte o elemento radioativo plutônio – 238. Ou seja, a NASA preferiu dessa vez não depender de limpezas milagrosas em painéis solares, como aconteceu várias vezes em seus *rovers* anteriores. Apenas a parte primária, ou básica da missão de exploração esta prevista para durar 668 dias marcianos (quase dois anos terrestres). Um tipo de pretensão bem superior as poucas semanas previstas inicialmente para o *Spirit* e *Opportunity*.

Desde o início de sua missão o *rover* vem confirmando todas as "suspeitas" oficiais da agência espacial em relação ao passado de Marte. Uma das primeiras descobertas foi o leito de um antigo rio no interior da cratera *Gale*, onde aconteceu o pouso, e dessa vez não se pode dizer apenas que as imagens mostravam algo parecido com leitos de antigos rios, como nas fotos obtidas da órbita marciana. Os cientistas detectaram rochas que indiscutivelmente, segundo eles, foram transportadas e desgastadas por água corrente no passado. O MSL se movimentou inclusive no interior de um desses antigos leitos. O cientista *William Dietrich*, durante pronunciamento oficial da NASA declarou que "muitos textos foram escritos sobre os canais de Marte e com muitas hipóteses sobre correntes. Esta é a primeira vez em que estamos realmente vendo material transportado por água corrente em Marte".

As imagens do *rover* revelaram já também desde as primeiras semanas da missão sinais de artificialidade em algumas rochas, como já havia acontecido no caso das fotografias da *Pathfinder*, *Spirit* e *Opportunity*. As fotografias do MSL podem ser acessadas mediante o site principal da missão *(http://mars. jpl.nasa.gov/msl)*. Meu parceiro mais recente nessas investigações, o pesquisador Arthur Moreira Martins, acredita inclusive já ter encontrado evidências de vida fossilizada também na área de pouso do MSL. Ele parece ter encontrado dois fragmentos fossilizados de algo parecido com uma "cobra cega", conhecida em nosso planeta cientificamente como *Gymnophiona*. Tuco como é conhecido em nosso meio (*http://tucokpaxspace.blogspot.com.br*), fez a sua descoberta quando examinava uma das fotos obtidas pelo rover durante o dia 69 da missão por uma de suas câmeras (*Mars Hand Lens Imager*), exatamente a mesma que segundo a própria agência espacial apresentava um pequeno objeto brilhante de aparência metálica, que segundo os cientistas do JPL poderia ser um fragmento relacionado a uma das missões passadas enviadas ao planeta. Se os cientistas do JPL pudessem realmente identificar o misterioso objeto como um fragmento de uma espaçonave terrestre teriam feito isto, e não apenas apresentado a ideia como uma possibilidade. O próprio *rover* poderia ter analisado melhor a "amostra". Será que isto não foi feito? Esta tentativa de explicação deve merecer uma rápida análise, para que a versão da agência espacial possa realmente ser mensurada em sua credibilidade.

Qualquer pessoa fora do meio da exploração especial e alheia aos conhecimentos básicos da exploração de Marte, tomando conhecimento de declarações desse tipo, pode ter a falsa impressão que o planeta esta cheio de fragmentos ou destroços de antigas naves espaciais, ou outros artefatos enviadas a Marte pela própria NASA, pelos soviéticos, ou mais recentemente pela agência espacial européia (ESA). Nada mais falso que isto. Além do número reduzido de espaçonaves terrestres enviadas ao planeta, dois terços dessas falharam, e várias se perderam antes de se aproximarem daquele mundo. Podemos contar nos dedos de nossas mãos as passíveis de terem produzido ou deixado alguma forma de fragmento no solo do planeta. Outro aspecto que com certeza não é do conhecimento da expressiva maioria das pessoas é a área que de fato foi explorada mediante os *rovers* anteriores da NASA e agora esta sendo visitada, observada e analisada pelo *Mars Science Laboratory*. A *Opportunity*, por exemplo, o veículo que mais se movimentou, depois de nove anos de missão viajou pouco mais de 22 milhas, (menos de 36 km). Marte possui um diâmetro de 6.800 km, ou seja, a chance de um *rover* ficar se deparando com fragmentos de uma missão terrestre anterior é ínfima. Não posso negar tal possibilidade, mas a explicação para esse objeto pode ser outra, e estar relacionada à presença da antiga civilização, ou mesmo a atual presença alienígena no planeta.

Na sequência das descobertas e revelações feitas pelo JPL com o prosseguimento da missão do *Curiosity*, o mundo foi surpreendido no mês de novembro passado (2012) com uma declaração do próprio chefe da missão John Grotzinger durante uma entrevista para o site norte-americano *NPR* (*http://www.npr.org*). Segundo ele os estudos realizados em um material recolhido pelo braço mecânico do *rover*, na área que foi batizada de *Rocknest*, revelaram algo que entraria "para os livros de história". A notícia relacionada à sua declaração se espalhou rapidamente, geralmente associada à possibilidade de finalmente, e oficialmente, a NASA estar se preparando para revelar a descoberta de sinais de vida no planeta. Mas poucas horas depois Guy Webster, falando oficialmente em nome do Laboratório de Propulsão a Jato de Pasadena, responsável pela missão, retirou a importância do anúncio feito pelo próprio cientista chefe da missão. Falando oficialmente em nome do JPL declarou que "a missão em seu conjunto tem uma natureza, que a torna candidata a entrar realmente para os "livros de história", mas ressaltou que não havia até aquele momento nenhuma descoberta bombástica para ser divulgada. O que teria realmente acontecido? A vida finalmente teria de fato sido detectada? Ou o cientista chefe da missão *Curiosity* havia se precipitado? Come entender declarações tão conflitantes?

Em uma conferência pública no início de dezembro do ano passado (2012) realizada em São Francisco o JPL apresentou mais detalhes relacionados aos dados aparentemente que haviam inspirado as declarações de Grotzinger. As amostras retiradas do solo pelo braço mecânico do rover foram estudadas pelo Analisador de Amostras de Marte (*Sample Analysis at Mars* – SAM), pelo instrumento de Mineralogia e Química (*Chemistry & Mineralogy X-Ray Diffraction* – CheMin) e a câmera Mahli (*Mars Hand Lens Imager*), já mencionada. O material analisado foi aquecido e liberou vapor d'água, dióxido de carbono, oxigênio e dióxido de enxofre, por ordem de quantidade. Devo destacar que no que diz respeito para começar ao vapor d'água, a quantidade encontrada foi bem superior a esperada para a distância do veículo dos pólos do planeta. Ou seja, havia uma razoável umidade no solo marciano, mesmo em uma região considerada desértica. Mensurações realizadas pela *Phoenix* já haviam dado resultados gerais semelhantes, apesar dos milhares de quilômetros de distância, mas como já revelei antes, a espaçonave havia pousado bem próxima da calota polar norte do planeta, área rica em água congelada. Já o *rover* pousou na região equatorial do planeta, poucos graus ao sul do equador.

Além dos gases que mencionei o Analisador de Amostras de Marte (SAM) detectou a presença de compostos de metano clorado, ou seja, um composto de origem orgânica. Novamente o metano que já havíamos mencionado antes por meio de detecções de espectrômetros em espaçonaves na órbita do planeta. Mas porque isso não foi avaliado mais uma vez como uma evidência direta de vida no planeta na atualidade?

Os cientistas do JPL desenvolveram aparentemente logo após as declarações do cientista chefe da missão *Curiosity* a suspeita de que esse metano podia ser fruto de uma contaminação. Ou seja, moléculas do gás poderiam ter ficado preservadas na estrutura do próprio *rover*, para depois serem transportadas desde a base de lançamento na Flórida,

O Analisador de Amostras de Marte (*Sample Analysis at Mars* – SAM), instrumento do *Curiosity*, que encontrou indicações importantes sobre a existência de vida na atualidade no planeta (NASA / JPL)
http://mars.jpl.nasa.gov/msl/mission/instruments/spectrometers/sam

até Marte. Mas ao que parece, apesar dessa alegação, a verdade é que o corpo científico envolvido não parece ter tanta certeza disso, mas por uma questão de segurança, pode ter havido uma opção pela prudência, e a possível evidência de vida marciana foi adiada mais uma vez. Se esta decisão envolveu apenas questões científicas eu seria a última pessoa a questionar a atitude do JPL.

Já surgiram indícios de que a explicação da contaminação para o metano nos resultados do experimento realizado em novembro (2012) com as amostras na região de *Rocknest*, pode vir a ser descartada. Como já ressaltava no dia 4 de dezembro (2012) o doutor em astronomia Cássio Barbosa em sua coluna no site G1 das Organizações Globo, "analisando agora as razões isotópicas dos gases liberados das amostras, ou seja, a razão entre espécies químicas iguais, mas com massa molecular diferente, a conclusão que se chegou é de que o vapor d'água, o dióxido de carbono e a razão entre hidrogênio e deutério são maiores que as encontradas na Terra, um grande indicativo de que não houve contaminação" (*http://g1.globo.com/ platb/observatoriog1/2012/12/04/curiosity-muito-barulho-por-nada-ou-nao*).

Eu não tenho a menor dúvida que estamos nos aproximando de um momento histórico para a humanidade, e esse dia pode acontecer ainda mediante a missão do *Mars Science laboratory*, se houver não só uma certeza científica, como vontade política para mais um passo rumo à verdade sobre a presença de vida no presente e no passado no Planeta Vermelho. Essa realidade já estabelecida pelas inúmeras imagens disponibilizadas nos sites oficiais das agências espaciais (que constituíram a base dessa obra) apresentam como vimos, os sinais relacionados à sua antiga civilização, fósseis de inúmeras espécies que habitaram o planeta, como a presença de forças alienígenas estabelecidas de alguma forma na atualidade.

O próximo passo da NASA, hora em gestação, muito possivelmente será restrito a uma afirmativa de vida microbiana na atualidade, ou no passado remoto de Marte. A agência espacial, conforme ressaltei nesse livro já se encarregou também de fortalecer mediante inúmeros pronunciamentos as ideias relativas à habitabilidade do planeta no passado. Com a oficialização da certeza da presença de vida primitiva, ou microbiana, estará aberta a porta para a verdade maior, que mais cedo, ou mais tarde mostrará para a humanidade, que em um tempo ainda impossível de ser estabelecido de maneira mais objetiva, houve uma civilização de âmbito planetário no Planeta Vermelho, cujos habitantes, interagiram com a história de nosso próprio planeta.

Desenvolvi nos últimos anos a ideia de que as mesmas forças alienígenas responsáveis pela presença do Homem na Terra, dentro de um processo de colonização que é explicado e detalhado em vários de meus livros anteriores, possam também ter estabelecido outras colônias em "nosso" sistema solar. *Phaeton*, o *Maltek* dos índios *hopis*, e Marte podem ter sido os locais escolhidos. A semelhança de alguns fósseis marcianos que vimos nas imagens dos *rovers Spirit* e *Opportunity*, com as formas de vida encontradas fossilizadas na Terra podem ser uma boa indicação dessa realidade, e de uma intervenção conjunta na evolução da vida tanto em Marte, como na Terra, e provavelmente também em *Phaeton*.

Esta chegando a hora de descobrirmos as respostas para alguns dos grandes mistérios de nosso passado, incluindo aqueles relativos à nossa própria origem extraterrestre. O leitor faz parte dessa jornada, e é peça chave no processo de divulgação da verdade. Cada um de nós deve agora escolher em que mundo pretende viver. O vendido no passado pelo acobertamento e a alienação total imposta à humanidade, ou o que cada um de vocês pode descobrir nos sites das agências espaciais. Algo de muito especial esta para acontecer...

UFOs. Espiritualidade e Reencarnação
MARCO ANTONIO PETIT
Formato 14 x 21 cm • 198 p.

Depois de investigar durante quase três décadas o fenômeno UFO, buscando as evidências da presença de representantes de avançadas civilizações extraplanetárias no passado pré-histórico, histórico e no presente, que permitiram ao autor desenvolver sua teoria sobre a origem extraterrestre de nossa humanidade, defendida e divulgada em seus três livros anteriores, Petit apresenta de maneira clara e objetiva o relacionamento existente entre a presença dos extraterrestres e a evolução espiritual de nossa humanidade.

Além de apresentar evidências definitivas da própria existência do fenômeno dos discos voadores, relacionadas com os primórdios da investigação ufológica nos EUA, revelar os detalhes do caso Varginha, do qual participou como um dos principais investigadores, tendo acesso direto à testemunhas militares e civis, revela de maneira surpreendente tudo que os norte-americanos descobriram em Marte a partir de suas missões espaciais.

Mais o ponto alto desta obra é sem dúvida o resultado de suas incursões mais recentes dentro da área da espiritualidade, desenvolvidas mediante uma série de experiências pessoais, algumas vivenciadas durante o próprio desenvolvimento da parte final desta obra.

Pela primeira vez estão sendo revelados finalmente os objetivos que estão por trás das sucessivas intervenções extraterrestres na estrutura genética de nossa humanidade, realizadas através dos abduzidos, relacionados ao despertar espiritual de nossa humanidade.

Transformadores de Consciência
GILDA MOURA
Formato 14 x 21 cm • 304 p.

A partir de 1972, ao se deparar pela primeira vez com um fenômeno insólito que lhe modificou a vida, a psicóloga carioca Gilda Moura começou a acompanhar de perto o fenômeno ufológico, mais precisamente as pessoas contatadas. Para isso, passou a observar, estudar e compartilhar experiências, não só com a comunidade ufológica, mas também com espiritualistas e parapsicólogos. Em 1980, aproximou-se do primeiro caso de abdução, em que a mente do contatado havia sofrido traumas e profundas sequelas.

A abdução narrada nesta obra *Transformadores de Consciências* foi escolhida pela autora por apresentar, além da riqueza do padrão básico característico das abduções, outros dados bastante relevantes, como sequelas do fenômeno *walk in*, ou *entrantes*, os quais, em razão das dificuldades ou do desconhecimento da maioria dos pesquisadores, têm sido pouco estudados até o momento.

Centrando-se no estudo da consciência e na relação estabelecida entre a evolução da consciência e tais fenômenos, dra. Gilda Moura procurou esclarecer em sua narrativa os traumas e as patologias originados a partir desses processos, bem como as sequelas e efeitos energéticos subsequentes às abduções. Este é, portanto, um guia para médicos, psicoterapeutas, especialistas da área de saúde mental, espiritualistas, pessoas que vivenciaram o fenômeno e leitores em geral.

OVNI's na Serra da Beleza
MARCO ANTONIO PETIT
Formato 14 x 21 cm • 152 p.

No final dos anos 60, aparições de discos voadores começaram a se intensificar nas montanhas da Serra da Beleza, no Rio de Janeiro. Na década seguinte, esses fenômenos atingiram níveis inacreditáveis, a ponto de o Exército e a Aeronáutica enviarem agentes ao local para investigar tais ocorrências, embora os resultados permaneçam até hoje desconhecidos da população. A região acabou, no entanto, sendo alvo do mais detalhado e duradouro projeto civil de investigação ufológica já realizado no Brasil, concebido por Marco Petit, autor desta obra. Além de documentar cerca de 400 casos de contato, de diferentes graus, ele próprio teve experiências reveladoras que mostram a existência de portais por onde os OVNIs penetram em nossa dimensão, ou mergulham no hiperespaço.

OVNIs na Serra da Beleza é, portanto, muito mais do que uma coletânea de casos ufológicos: revela como o autor, de investigador de fenômenos extraterrenos, passou a interagir com inteligências responsáveis por essas aparições, até atingir um nível de compreensão maior, mergulhando no lado transcendente da pesquisa ufológica. A obra revela, de maneira surpreendente, a possibilidade de já estarmos dividindo o planeta com outras humanidades estabelecidas em bases subterrâneas, ou mesmo no nível hiperfísico.

O Enigma da Atlântida
ALEXANDRE BRAGHINE
Formato 14 x 21 cm • 288 p.

Parece estranho que um continente inteiro, uma nação que dominou o mundo durante séculos, tenha se tornado quase um mito na memória dos homens. Se considerarmos a forma radical como a Atlântida foi varrida da face do planeta – a última ilha atlante desapareceu subitamente no oceano em 9.564 antes de Cristo –, podemos até entender por que os milênios se passaram e a humanidade conservou apenas uma lembrança esmaecida do terrível cataclismo, e foi olvidando a própria existência da raça poderosa e altamente civilizada que fora a soberana do mundo. Mas o depoimento insuspeito de Platão permitiu que sua memória permanecesse, para hoje ser amplamente pesquisada.

Esta obra do coronel Braghine busca uma reconstituição da realidade da Atlântida fundamentada exclusivamente em fatos precisos. Analisa as evidências robustas da sismologia, da batimetria e da biologia, que apontam para a existência, outrora, do continente que ocupava o centro do Oceano Atlântico. E, sobretudo, analisa evidências sobre todas as culturas onde se acham as pegadas dos atlantes: bascos, fenícios, povos indígenas americanos, etruscos e pelasgos, gauleses e celtas, egípcios, semitas, maias...

A identidade que se encontra na arquitetura, nas artes, nas línguas e nos mitos dos povos da Europa e da América, que foram colônias atlantes ou descendentes daquele povo, permite afirmar: a Atlântida foi sua origem comum.

O Enigma da Atlântida, que há décadas ocupa um lugar de destaque na atlantologia, retorna para trazer uma inestimável contribuição ao fascinante estudo do continente perdido. É obra indispensável a quantos se interessem por este capítulo extraordinário da história oculta da humanidade.

Antiga História do Brasil - de 1100 a.C. a 1500 d.C.
LUDWIG SCHWENNHAGEN
Formato 14 x 21 cm • 192 p.

Foi Pedro Álvares Cabral quem, de fato, descobriu o Brasil, ou os fenícios teriam estado por aqui antes dele? Cabral teria chegado ao Brasil por acaso, ou já conhecia descrições da costa brasileira? Quem primeiro oficiou funções religiosas aos nossos índios: Henrique de Coimbra ou sacerdotes da Mesopotâmia? Quais os primeiros mineradores a explorar ouro e pedras preciosas no Brasil: portugueses ou engenheiros egípcios? Ficaria a lendária Ilha das Sete Cidades, uma espécie de novo Éden que os romanos tanto buscavam, nos Açores, nas Antilhas ou nas costas do Piauí? Perguntas como essas são abordadas em *Antiga História do Brasil — de 1100 a.C. a 1500 d.C.*, obra de excepcional valor como fonte de estudos sobre a descoberta e colonização do Brasil por povos antigos, considerada um verdadeiro desafio lançado aos pesquisadores pelo historiador austríaco Ludwig Schwennhagen, cujas teses têm despertado o apoio de órgãos do governo, e o interesse de leitores comuns que a vêem como uma instigante literatura que poderá reformular a História do Brasil.

Com base em manuscritos, documentos e análises de inscrições petroglíficas encontrados no norte e nordeste brasileiros, ao pesquisar durante anos a origem da língua tupi, Ludwig se diz convicto de que os fenícios chegaram aqui primeiro e habitaram o Piauí, há 3 mil anos atrás, dando início a época civilizatória brasileira. Ao tomar este livro às mãos, certamente o leitor se fará muitas perguntas, pois a História está registrada nos compêndios, mas o tempo tem demonstrado que suas verdades podem um dia ser totalmente reformuladas.

MARTE A VERDADE ENCOBERTA
foi confeccionado em impressão digital, em março de 2023
Conhecimento Editorial Ltda
(19) 3451-5440 — conhecimento@edconhecimento.com.br
Impresso em Luxcream 70g, StoraEnso